JN021565

「うまい文章」の共通
ルールがゼロから身につく

伝わる文章術
見るだけ
ノート

監修
山口拓朗
Takuro Yamaguchi

宝島社

「うまい文章」の共通
ルールがゼロから身につく

伝わる
文章術
見るだけ
ノート

監修│山口拓朗│Takuro Yamaguchi

宝島社

「文章力」は
仕事の効率と生産性を高める
最大の武器

　令和時代を生きる私たちにとって、伝わる文章が書けるか否か。この差は「微差」ではなく「大差」です。

　あなたが、どれだけ優秀なビジネスパーソンだったとしても——。どれだけ有益な情報を持っていたとしても——。どれだけすばらしい思いや情熱を持っていたとしても——あなたが書く文章が相手に正しく理解してもらえなければ、残念ながら、あなたの努力は、すべてが水の泡です。

　怖いもので、伝わらない文章には、誤解や勘違いがつきものです。その誤解や勘違いをとば口に、取り返しのつかないミスやトラブルへと発展したり、周囲の人たちに不利益を与えたりすることもあります。

　これほど文章力が重要な時代であるにもかかわらず、多くの人が、思うように文章を書けず思い悩んでいます。「できれば文章なんて書きたくない」。そんなふうに思っている人も山ほどいます。

　しかし、パソコンやスマホが普及し、インターネットが整備され、テキストのデジタル化が進む中、文章を書かずに逃げ切ることはできません。そうだとしたら、対策は一つしかありません。

　文章力を伸ばすことです。

・伝えたいことをうまく文章にできない
・文章の内容を誤解されることがある

・何をどう書けばいいかわからない
・文章を書くスピードが遅い
・文章力を鍛える方法がわからない
・文章がくどくなってしまう
・長い文章を書くのが苦手だ
・「で、何がいいたいの?」と言われたことがある

あなたにも該当する項目があるのではないでしょうか?

　ご安心ください。あなたの悩みがどんなものであれ、大船に乗ったつもりでいましょう。あなたが今手にしたこの本を読み、その内容を実践すれば、あなたの文章力は間違いなく伸びていきます。「伝わらない文章」が「伝わる文章」へと変化していきます。

　なぜなら、この本は、文章力を底上げするために必要な基本とコツを完全網羅しているからです。「文章を書く前の準備」「正しい言葉と文法の使い方」「書きやすい文章の型」「効率のいい情報収集方法」「文章の質を高める推敲方法」「メール＆SNSの書き方」などなど、どのページから読んでもOK。一気にマスターする必要もありません。できそうなところから意識・実践していきましょう。"千里の道も一歩から"です。

　あなたの文章力が上達した時のことをイメージしてみてください。あなた自身のストレスが減るだけでなく、仕事の効率と生産性が飛躍的に高まります。文章力が武器となり、あなたの新たな才能の芽が花開くかもしれません。

　また、読む人に優しい文章を書くことによって、周囲から大きな評価を受けるでしょう。自信を深めたあなたの目には、可能性に満ちた未来が見えるはずです。

　さて、準備はいいですか?　自分自身に期待しながら、読み進めてください。

山口拓朗

「うまい文章」の共通ルールが
ゼロから身につく

伝わる文章術
見るだけノート
Contents

はじめに ……………………………… 2

Chapter1
短く、簡潔に!
文章の基本は
" 読者ファースト "

01 文章は短く、簡潔に①
余計な言葉は削る
シンプルに書く …………… 12

02 文章は短く、簡潔に②
一文の長さの目安
一文の長さは 40～60 文字
…………………………… 14

03 文章は短く、簡潔に③
一文一義
一文一義 ………………… 16

04 誰が読むのかを意識する
読む人(ターゲット)……… 18

05 読む人が求めるものを
把握する
読む人のニーズ/
読む人の反応 ……………… 20

06 「難しい言葉」は
必要最小限に
難しい言葉/専門用語 …… 22

Chapter2
主語を明確に!
押さえておくべき
文章術の基本

01 主語を明確にする
主語を明確にする ………… 26

02 主語に続く「は」と「が」
の使い分け①
新情報と旧情報/
判断文と現象文 …………… 28

03 主語に続く「は」と「が」
の使い分け②
対比と排他/
述語の強調と主語の強調
…………………………… 30

04 「です・ます」と
「だ・である」の使い分け
敬体と常体 ………………… 32

05 「同一の語尾」を
連続して使うのは NG
同一の語尾の連続 ………… 34

06 「過去形」を連続して
使うのは NG
適切な語尾を選ぶ ………… 36

07 「の」の連続は避ける
助詞の「の」……………… 38

08 「接続詞」の連続は
避ける
接続詞 ……………………… 40

09 「。」と「、」のルール
句点と読点 ……………… 42

10 「二重否定」を避ける
二重否定 ………………… 44

11 「づ・ず」や「ぢ・じ」
の使い分け
漢字に変換する …………… 46

Chapter3
知らないと恥ずかしい！
説得力が増す
文章術のルール

01 「〜こと」や「〜もの」
は多用しない
「こと」と「もの」………… 50

02 「に」や「は」の連続
は避ける
助詞の「に」と「は」……… 52

03 「に」の正しい使い方
てにをは ………………… 54

04 「を」の正しい使い方
「を」と「で」、「を」と「が」
の使い分け ……………… 56

05 「こそあど」言葉を
多用しない
こそあど言葉 …………… 58

06 「話し言葉」に要注意
バイト敬語／若者言葉 ……… 60

07 情報伝達の基本
「5W 2H」
Who ／ What ／ When ／
Where ／ Why ／ How ／
How much ……………… 62

08 「具体的」「客観的」
に書く
数値／固有名詞 …………… 64

09 「重ね言葉」に要注意
重ね言葉（重言）………… 66

10 「言葉足らず」は
読む人にとってストレス
言葉足らずの文章 ………… 68

11 「述語の共用」に
注意する
述語の共用ミス ………… 70

12 文章は「意味ごと」に
まとめる
スムーズな流れの文章 …… 72

Chapter4

まずは結論から!

必ず伝わる文章術
の常識・マナー

01 「結論」を最初に書く
冒頭に結論を ………… 76

02 「主観」と「客観」を
意識する
主観的な情報／
客観的な情報 ………… 78

03 「同じ表現」の
繰り返しは避ける
別の言葉に置き換える …… 80

04 対等な関係に
揃えるべき語句
品詞を揃える ………… 82

05 伝わる文章の「型」①
結論を最初に書く
逆三角形型 ………… 84

06 伝わる文章の「型」②
説得力を高めるPREP法
PREP法 ………… 86

07 伝わる文章の「型」③
論文の三段型
三段型 ………… 88

08 文章術の常識・マナー
「敬語」①
二重敬語と敬意の対象
二重敬語 ………… 90

09 文章術の常識・マナー
「敬語」②
謙譲語
謙譲語 ………… 92

Chapter5

改行や余白も活用!

文章を読みやすく
するテクニック

01 主語と述語を意識する①
主語と述語を正しく
対応させる
主語と述語 ………… 96

02 主語と述語を意識する②
主語と述語は近づける
主語と述語の位置 ………… 98

03 修飾語と被修飾語を
意識する①
修飾語と被修飾語は
近づける
修飾語／被修飾語 ……… 100

04 修飾語と被修飾語を
意識する②
修飾語を置く順番
長い修飾語と短い修飾語
…………………………… 102

05 カタカナ語の
乱用は避ける
カタカナ語 ………………… 104

06 ステレオタイプな
表現は避ける
紋切り型の表現 ………… 106

07 「ひらがな」と「漢字」
はバランスを見て使う
7：3 ……………………… 108

08 さまざまな「カッコ」を
うまく活用する
カッコと中黒 …………… 110

09 「意味のない言葉」は
使わない
意味のない言葉 ………… 112

10 改行を入れる目安
改行 ……………………… 114

11 余白を活用しよう
余白 ……………………… 116

Chapter6

飾りすぎは NG！

簡潔に伝えるための文章術

01 「れる」「られる」を
多用しない
れる／られる …………… 120

02 「だろう」を多用しない
謙虚だが根拠なし ……… 122

03 「たり」は反復して使う
反復使用が原則 ………… 124

04 伝えたい内容に合った
言葉を選ぶ
文の飾りすぎ …………… 126

05 「呼応表現」を
正しく使う
呼応表現 ………………… 128

06 適度に主語を省略する
主語の省略 ……………… 130

07 「箇条書き」で文章を
わかりやすくする
箇条書き ………………… 132

08 使いやすい表現①
比喩
直喩／隠喩／擬人法 …… 134

09 使いやすい表現②
たとえ話
たとえ話 136

07 「名文」を
繰り返し読んで、
真似をする
名文の真似をする 152

08 文章をたくさん書く
とにかく書く 154

09 スキルアップには
「推敲」が大切
文章を練る 156

Chapter7

まずは実践あるのみ！

文章がうまくなる
スキルアップ術

01 「書き始める」ための
方法
まずは書いてみる 140

02 「何を書くか」を
明確にする
有益な情報／独自の視点
.... 142

03 「何のために書くのか」を
明確にする
目的を間違えない 144

04 まずは一気に書いてみる
全体を一気に書く 146

05 「見出し」と「リード」で
読み手を引きつける
見出し／リード 148

06 「読みたくなる文章」を
意識する
読みたくなる文章 150

Chapter8

まずはネタを集めよう！

速く正確に書く
ためのスピード
文章術

01 メモやノートを活用する
材料（データ） 160

02 伝えるべきことを
正確に書く
誤解なく正確に伝える 162

03 自分自身に
「質問」をする
自分自身に質問 164

04 自分の体験を書く
体験を書く 166

05 文章はどこから書いても
大丈夫
文章を書く順番 …………… 168

06 文章を組み立てる
材料の分類／多角的な視点
………………………………… 170

Chapter9

電子メール、チャットツール、
SNS、Webメディア——

「シーン別」
オンライン時代の
文章術

01 電子メールの文章術①
件名、依頼文
第一印象 ………………… 174

02 電子メールの文章術②
返信文
早い返信（即レス）……… 176

03 電子メールの文章術③
催促メール、断りメール
相手への配慮 …………… 178

04 チャットツールの文章術①
チャットツールの利点
用件のみ伝える …………… 180

05 チャットツールの文章術②
チャットツールの文例
文章の簡略化 …………… 182

06 SNS、Webメディアの
文章術①
記事タイトルのつけ方
記事タイトル …………… 184

07 SNS、Webメディアの
文章術②
SNSは話し言葉で
話し言葉 ………………… 185

08 SNS、Webメディアの
文章術③
読者の役に立つ
情報を書く
貢献 …………………… 186

09 SNS、Webメディアの
文章術④
書き出しで興味を引く
書き出し ………………… 187

10 SNS、Webメディアの
文章術⑤
ネガワードをポジワード
に置き換える
ポジティブな投稿 ………… 188

Chapter **1**

TSUTAWARU
BUNSHOJUTSU
mirudake note

短く、簡潔に！

文章の基本は
"読者ファースト"

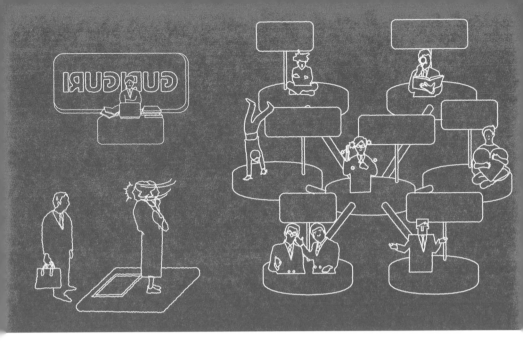

まずは「伝わる文章」を
書くための基本と心構えを
学びましょう

文章を書くうえでもっとも大切なのは、「読む人のことを第一に考える」ことです。そのためには、なるべく短く、簡潔に書くことが大切です。また、書き始める前に「誰に向けて書くのか」をしっかりと意識しましょう。

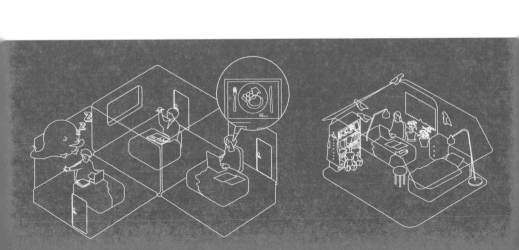

01 文章は短く、簡潔に①
余計な言葉は削る

「わかりやすい文章」の基本は、無駄な言葉を使わず、簡潔に書くことです。余計な言葉はどんどん削りましょう。

文章を書く時にもっとも意識すべきことは、「読者にとって読みやすい」「わかりやすい」ということです。そのためには文章を短く、簡潔にする必要があります。中でも大切なのが、**余計な言葉を削り、シンプルに書く**ことです。自分が書いた文章を読み返してみると、削っても文章の意味が変わらない言葉は意外に多いものです。

削っても意味が変わらない言葉

NG

元来、人間というものは貪欲さを持ち合わせているものだ。煩悩が抑えられない理由は、執着心や競争心があるからだと思われる。だからといって、その煩悩をそのまま放置しておくと、より辛い人生を送ることになってしまうのである。

GOOD

人間は貪欲さを持ち合わせている。煩悩が抑えられない理由は、執着心や競争心があるからだ。しかし、その煩悩を放置しておくと、より辛い人生を送ることになる。

情報量は
ほぼ同じなのに
文の長さが全然違う

特にメールや企画書などの実務文では、**心情的な形容**や**比喩**を多用すると、かえって文章の意味がわかりにくくなります。例えば以下のような表現は、書いた人は「よりわかりやすく」「イメージしやすく」と考えて工夫したのでしょう。しかし、読者にとっては読む時間が長くなるばかりか、本来のメッセージを読み取りにくくなります。

心情的な形容や比喩に要注意

NG

長い時間をかけて一生懸命に開発したのですが、彗星のごとく現れた競合他社に一歩出遅れてチャンスを逃し、惜しくも開発チームは解散することになりました。

GOOD

長い時間をかけて開発したものの、競合他社に一歩出遅れたことでチャンスを逃し、開発チームは解散することになりました。

君の感情や印象はどうでもいいんだが…

うむ、致し方なし

他にもこれらの言葉が削りやすいです

無駄な接続詞 …「そして」「だから」etc.

無駄な指示語 …「その」「これは」etc.

無駄な副詞 …「とても」「すごく」etc.

二重表現 …「返事を返す」→「返事する」
「まず最初に」→「最初に」
etc.

02

文章は短く、簡潔に②
一文の長さの目安

一文あたりの文字数があまりにも多いと読みにくくなるうえ、
読者にストレスを与えてしまいます。

文章を読みやすくするためには、**一文あたりの文字数を減らす**ことも重要です。
あまりに文章が長いと、読者は前に書かれていたことをなるべく覚えていよう
と意識してしまい、それがストレスになるのです。とはいえ、短ければ短いほ
ど良いというわけではありません。10 文字や 20 文字程度の文章が連続すると、
文章の流れが悪くなり、それはそれで読みにくくなってしまいます。

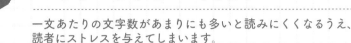

一文が長いと読者にはストレス

当社のご祭神
須佐之男命

出雲神話の祖神である須佐
之男命は天照大神の弟とさ
れますが、姉がいる高天原へ
行って数々の乱暴を行い、高
天原から追放されたのち出
雲に降り立ち、八岐大蛇を退
治して奇稲田姫を救い、大蛇
の尾から得た天叢雲剣を天
照大神に献上したあと、母で
ある伊邪那美命がいる根の国
へと行きました。

こんなに
一文が長いとなんか
読みにくいし疲れるな…

そもそも
見慣れない漢字表記が
多くて頭に入ってこない…

「伝える文章」を書くプロである新聞記者には、**一文の長さは40〜60文字**というルールがあるそうです。文章を短くすると読みやすくなるばかりでなく、リズム感が出るため読者に伝わりやすくなります。また、「一文を短く」と意識することで、「余計な言葉を削る」ことにもつながります。とはいえ、文章を書く目的や内容、読者の好みによって適切な一文の長さは異なるので、「絶対に60文字以内」とこだわる必要はありません。

一文の長さは「60文字以内」が理想

NG

「第5世代移動通信システム(5th Generation)」の略称である「5G」の通信速度は、従来の「4G」や「LTE」より早い10Gbps以上で、約1000倍の大容量データの送受信が可能であり、AIを活用した自動運転など、あらゆる物をインターネットに接続させるIoTの普及において必要不可欠な技術です。(152文字)

GOOD

「5G」は「5th Generation（第5世代移動通信システム）」の略称です。(41文字)

通信速度は従来の「4G」や「LTE」より早い10Gbps以上で、約1000倍の大容量データの送受信が可能となります。(58文字)

AIを活用した自動運転など、あらゆる物をインターネットに接続させるIoTの普及において必要不可欠な技術です。(54文字)

Check
戦後生まれで初の芥川賞作家となった中上健次は、一文が長い文体を駆使していました。文章の目的や好みにより、適切なスタイルが異なることの好例と言えるでしょう。

一文を短くするとおのずと文章も簡潔になります

03

文章は短く、簡潔に③
一文一義

「一文一義」を意識して書くと、文章はおのずと短く、簡潔に
なります。

簡潔な文章を書くための方法の一つが**一文一義**（ワンセンテンス・ワンメッセー
ジ）です。一つの文の中に一つの事柄だけを書くことで、文章は自然と短くなり、
一読で理解できる文になります。この一文一義ができていないと、以下の例文
のように一文が短くても、わかりにくい文章になってしまいます。

一文に複数の情報を盛り込まない

一文の中に
複数の情報が
盛り込まれていると、
一文が短くても
わかりにくくなります

NG
本日の 12 時からを予定していたプレゼンが
リスケになったので、改めて明後日（8日）の
15 時から 4 階の会議室で行い、新商品の販
促強化策について説明します。

GOOD
本日の 12 時からを予定していたプレゼンが
リスケになりました。改めて明後日（8日）の
15 時から 4 階の会議室で行います。新商品
の販促強化策について説明します。

同様に、一つの段落にあまり多くのメッセージを盛り込むと文章が読み取りにくくなります。各段落にはそれぞれ中心となる話題があります。一つの段落に複数の話題があると、読み手は混乱します。一方、話題が変わるごとに段落を変えると、読み手は頭の中で情報を整理しやすくなり、文章は格段に読みやすくなります。

話題が変わるごとに段落を分ける

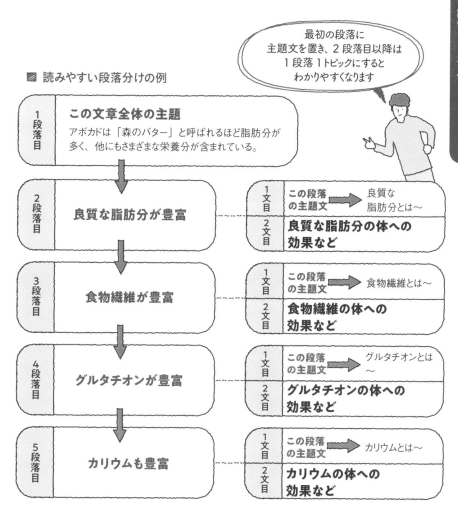

最初の段落に
主題文を置き、2段落目以降は
1段落1トピックにすると
わかりやすくなります

▨ 読みやすい段落分けの例

1段落目

この文章全体の主題
アボカドは「森のバター」と呼ばれるほど脂肪分が多く、他にもさまざまな栄養分が含まれている。

2段落目

良質な脂肪分が豊富

| 1文目 | この段落の主題文 ➡ 良質な脂肪分とは〜 |
| 2文目 | **良質な脂肪分の体への効果など** |

3段落目

食物繊維が豊富

| 1文目 | この段落の主題文 ➡ 食物繊維とは〜 |
| 2文目 | **食物繊維の体への効果など** |

4段落目

グルタチオンが豊富

| 1文目 | この段落の主題文 ➡ グルタチオンとは〜 |
| 2文目 | **グルタチオンの体への効果など** |

5段落目

カリウムも豊富

| 1文目 | この段落の主題文 ➡ カリウムとは〜 |
| 2文目 | **カリウムの体への効果など** |

04 誰が読むのかを意識する

文章を書く前に「誰が読むのか」を具体的にイメージすると、
何を書くべきかが見えてきます。

読み手に伝わる文章を書くためには、**読む人（ターゲット）**が誰なのかを明確に
する必要があります。例えば、小学生に対して書く場合は、あまり難しい漢字
や専門用語は避けるべきです。しかし、大人向けに書く場合は、平仮名ばかり
の文章はかえって読みにくくなります。つまり、相手の立場に立った文章を書
くことが、伝わりやすい文章の基本なのです。

"誰が読むのか"を最初に考える

読者は10～20代女性
流行の話題や
機能を盛り込む

読者は社会人男性
ビジネス上の
利便性を盛り込む

読者は小学生
漢字を減らす
専門用語は避ける

読者は高齢者
「孫」「健康」
などのキーワード
を盛り込む

「誰が読むのか」を
明確にすれば、
文章の方向性も決まり、
書きやすくなります

マーケティング手法の一つに「**ペルソナの設定**」があります。単にターゲットを設定するだけでなく、特定の人物像に焦点を当てて、具体的なユーザー像をイメージするという方法です。文章術でも、この考え方は有効です。例えば、想定する読み手が「20代男性」であれば、自分の身近で該当する人物を思い出してみましょう。すると、「あの人にはこの言葉が伝わりそう」「こんな言い方をすれば興味を持ってくれそう」といった具体的なイメージがわきます。

「ターゲット」と「ペルソナ」の違い

ターゲット
年齢や性別、属性などの大枠をグループ分けしたもの

「ペルソナの設定」では、一人の架空の人物を想定して、そのプロフィールを細かく設定します

ペルソナ
大枠だけでなく、個人としての趣味や嗜好、行動パターンまで設定したもの

40代男性

30代男性

20代男性

10代男性

平谷歩／東京都葛飾区在住／45歳／既婚／子どもあり／年収500万円／自営業／趣味は映画鑑賞…etc.

ここまでする必要はないかもしれないけれど、"特定の誰か"を想定すると書くべき言葉がイメージしやすくなるのは確かだね

05 読む人が求めるものを把握する

読む人が何を求めているかによって、文体や書くべき内容も変化します。

文章を書き始める時には、「読み手は何を知りたいのか」「どのような情報を求めているか」を考える必要があります。例えば、行きつけの店に行った時に「事情によりしばらく休業します」と張り紙があったら、あなたは「しばらく休業なのはわかったけど、いつまでなんだろう…」と思うはずです。具体的なことがわからないと、お店に足を運ばなくなってしまうかもしれません。

自分の都合のみ一方的に伝えるのはNG

大切なのは**読む人のニーズ**だけではありません。文章を書く前に**読む人の反応**を決めることも重要です。文章を読んだ人が、どう感じるかを事前に設定することで、おのずと書く内容が明確になるからです。以下の例のように、たとえ同じ立場の人であっても、その反応はさまざまです。相手が何を求めているのかを踏まえたうえで、読む人の反応を決めることが重要です。

ニーズに応じて読む人の反応を決める

収益を重視する上司なら…
▶採算ラインや、それをクリアするために必要な根拠を伝える

やる気を重視する上司なら…
▶その仕事をどうしてもやりたい理由を熱く伝える

このサービスならお客さんも喜びそうだ

これだけの収益が上がるなら検討しよう

そこまで本気なら検討しよう

相手にしっかり伝えるためには、書き手が読む人の反応を「予測」するのではなく、「決める」ことが大切です

顧客満足度を重視する上司なら…
▶顧客の声やその分析を伝え、顧客ニーズに合った提案をする

「難しい言葉」は必要最小限に

「難しい言葉」は、なるべくわかりやすく変換する。それが伝わる文章の鉄則です。

書き手が当たり前に使っている言葉が、読む人にとっても当たり前にわかる言葉だとは限りません。せっかく丁寧にわかりやすく書いたつもりでも、その中に難しい言葉や読めない漢字が少しあるだけで、読む気が失せることもあります。特に不特定多数の人に「伝わる文章」を書く時には、**難しい言葉**や**専門用語**の使用をできるだけ控えるようにしましょう。

無駄に難しい言葉は使わない

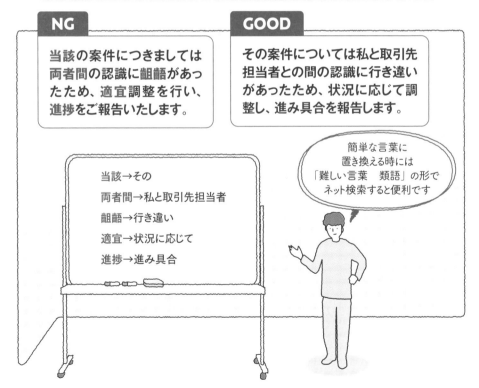

NG

当該の案件につきましては両者間の認識に齟齬があったため、適宜調整を行い、進捗をご報告いたします。

GOOD

その案件については私と取引先担当者との間の認識に行き違いがあったため、状況に応じて調整し、進み具合を報告します。

当該→その

両者間→私と取引先担当者

齟齬→行き違い

適宜→状況に応じて

進捗→進み具合

簡単な言葉に置き換える時には「難しい言葉　類語」の形でネット検索すると便利です

伝える内容によっては、専門用語を使わないと説明しづらいこともあります。そのような場合は、以下のように用語の説明をすると、誰が読んでもわかりやすい文章になります。これは専門用語だけでなく、ビジネス用語や外来語、スラング（俗語）を使う時も同様です。TPO（時と場所と場合）を見極めながら、読者にわかりやすい文章を意識して書きましょう。

専門用語には解説を加える

❶ 5G（▶ p15 参照）をビジネスで活用するためには、IoT の導入が必須です。

そもそも「IoT」という言葉の意味がわからないんだけど…

❷ 5G（▶ p15 参照）をビジネスで活用するためには、「モノのインターネット」と呼ばれる IoT の導入が必須です。

❸ 5G（▶ p15 参照）をビジネスで活用するためには、あらゆるモノをインターネットに接続・連携させる技術である IoT の導入が必須です。IoT は「Internet of Things」の略で、日本語では「モノのインターネット」と訳されます。

「モノのインターネット」って言葉は聞いたことあるけど、いまいちピンとこないな…

IoT に関連した仕事をしている人が読み手なら❶の文章でも十分だけど、不特定多数の人に伝えるなら❶より❷がいいし、❸はさらにわかりやすいね

Chapter 2

TSUTAWARU
BUNSHOJUTSU
mirudake note

主語を明確に！

押さえておくべき
文章術の基本

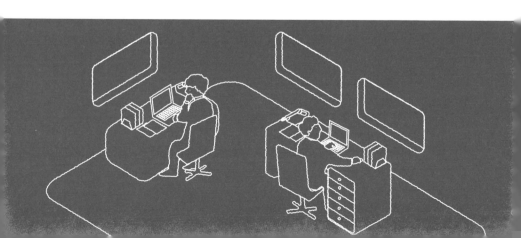

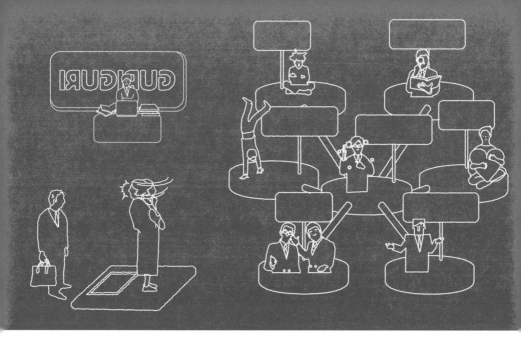

何ごとも「基本」ができていないと、早い上達は望めません。読みやすく、わかりやすい文章を書くためには、細かなルールを意識することも大切です。まずは基本的な日本語の決まりごとをしっかりと押さえましょう。

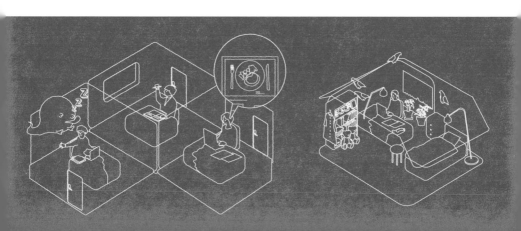

01 主語を明確にする

主語が明確でないと、その文が何について書かれたかがわからなくなってしまいます。

日本語は主語を省略しても文章として成立する言語です。しかし、主語を省略することで読む人の誤解を招くとしたら本末転倒です。主語を省くと意味が伝わりにくくなると判断した場合は、「誰が（何が）」が明確になるよう主語を盛り込みましょう。以下の例も、主語を省いても「伝わるか否か」を注意深く見ていく必要があります。

主語がない文章の例

文章を書くうえで**主語を明確にする**ことは重要です。ただし、同じ主語が続く時は省略したほうが読みやすくなる場合もあります（▶ p130）。また、主語を表す時には、正確さにも気をつける必要があります。例えば「鉛筆が折れた」では、鉛筆そのものが折れたのか、鉛筆の芯が折れたのか正確に読み取ることができません。

主語がないと文章が曖昧になることがある

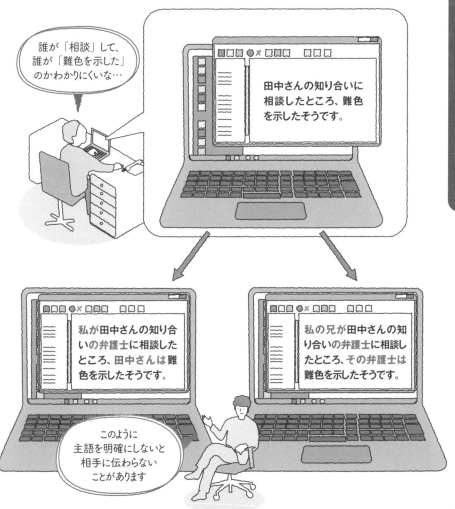

誰が「相談」して、誰が「難色を示した」のかわかりにくいな…

田中さんの知り合いに相談したところ、難色を示したそうです。

私が田中さんの知り合いの弁護士に相談したところ、田中さんは難色を示したそうです。

私の兄が田中さんの知り合いの弁護士に相談したところ、その弁護士は難色を示したそうです。

このように主語を明確にしないと相手に伝わらないことがあります

02 主語に続く「は」と「が」の使い分け①

迷いがちな「は」と「が」の使い分け方には、いくつかのルールがあります。

主語に続く助詞の「は」と「が」の使い分け方には、いくつかの分類があります。一つ目は、主格となる名詞が既知（**旧情報**＝すでにわかっていること）か未知（**新情報**＝わかっていないこと）かによって使い分ける方法です。前者には「は」を使い、後者には「が」を使います。この説明だけだと少しわかりにくいかもしれませんが、以下の例文を読めば納得いくのではないでしょうか？

「は」は既知の情報に、「が」は未知の情報に使う

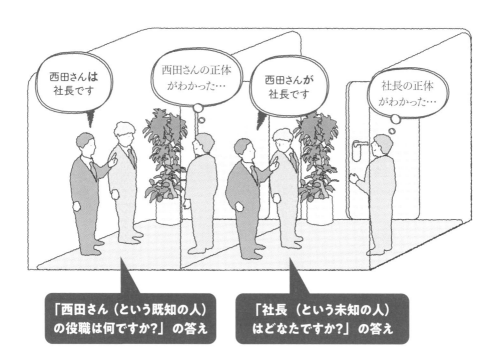

28

二つ目は**判断文**か**現象文**かによって使い分ける方法です。判断文は、書き手が主観的な判断を加えて表現する文のことで、判断文の主格には「は」がつきます。一方、現象文とは、書き手の主観的な判断を加えずにそのまま表現する文のことで、現象文の主格には「が」がつきます。この違いについても、以下の例文を参照してください。

判断文と現象文の例

判断文　→　主人は優しい人です

例えば「雨は苦手だ」なら判断文「雨が降っている」なら現象文です

書き手が判断している

現象文　→　主人が寝そべっている

誰の目にも明らかな事実は現象文として書き、あなたの意見や考えを含む時は判断文として書きましょう

目の前の現象をそのまま表現している

03 主語に続く「は」と「が」の使い分け②

「は」と「が」の使い分けをマスターすれば、わかりやすい文章が書けるようになります。

三つ目は、文が**対比**を表すか、**排他**を表すかで判断する方法です。対比の意味を表す時は「は」を、排他の意味を表す時は「が」を使います。例えば、「〜と比較すると〜だ」と二つのものを対比する場合には「雪は好きだが、雨は嫌いだ」と、「は」を使います。一方、「〜だけが〜だ」という排他の意味を持つ場合は「森さんが会長だ」と、「が」を使います。

対比の「は」と排他の「が」

対比

田中君は責任感が強いが、小林君は無責任だ

田中君と小林君を対比しているので「は」を使う

他の誰でもなく猫が駅長という排他の意味を持つので「が」を使う

排他

猫が駅長だ

四つ目は、**述語を強調**するのか、**主語を強調**するのかによって使い分ける方法です。例えば、「彼は誰ですか？」と聞かれた場合は、「彼は田中くんです」と、「は」を使って、名前が「田中」（述語）であることを強調します。一方、「彼が田中くんですか？」と聞かれた場合は、「が」を使って、他の誰でもなく、「彼」（主語）が田中くんであることを強調します。

述語を強調する「は」、主語を強調する「が」

以下のように、主題が「何ですか（何をしたの?）」の場合は「は」を、主題が「誰?（何?）」の場合は「が」を使います

■「は」は述語を強調

これは何という果物ですか？

これはマンゴスチンです

「主語＝これ」よりも「述語＝マンゴスチン」を強調したいので「は」を使う

あなたは昨日、何をしていましたか？

私は昨日、テレビに出ていました

「述語＝テレビに出たこと」を強調したいので「は」を使う

■「が」は主語を強調

これがマンゴスチンですか？

これがマンゴスチンです

「述語＝マンゴスチン」よりも、「これがあの」というふうに「主語＝これ」を強調したいので「が」を使う

昨日テレビに出ていたのは誰でしたっけ？

私が昨日、テレビに出ていました

「主語＝私」がテレビに出ていたことを強調したいので「が」を使う

04

「です・ます」と
「だ・である」の使い分け

文章を書き始める前に、まずは「です・ます調」で書くのか、「だ・である調」で書くのかを決めましょう。

文の終わりの言葉づかいを文末表現といいます。この文末表現は、大きく「**です・ます調（敬体）**」と「**だ・である調（常体）**」の二つに分けられます。一つの文章の中に「です・ます」と「だ・である」を混在させると、文章のリズムがバラバラになり、読みにくくなります。そのため、どちらか一方に統一することをオススメします。

「です・ます」と「だ・である」は混在させない

NG

**「です・ます調」と
「だ・である調」が混在**

現在、生物多様性の保全は地球環境問題の重要課題の一つである。このまま多様性の減少を放置すれば、人類の生存基盤に重大な影響を与えるおそれがあります。

二重人格の人が
書いたような
ちぐはぐな印象に

GOOD

「です・ます」に統一

現在、生物多様性の保全は地球環境問題の重要課題の一つです。このまま多様性の減少を放置すれば、人類の生存基盤に重大な影響を与えるおそれがあります。

GOOD

「だ・である」に統一

現在、生物多様性の保全は地球環境問題の重要課題の一つである。このまま多様性の減少を放置すれば、人類の生存基盤に重大な影響を与えるおそれがある。

「です・ます調」は、読む人に丁寧でやわらかい印象を与えますが、語尾の表現やバリエーションに乏しく、単調になりがちです。一方、「だ・である調」は力強くテンポも良いですが、やや硬く断定的な印象を与えます。文章を書く前には、「誰に向けた文章か」「どんな目的の文章か」を勘案して、どちらの文末表現を用いるのか判断しましょう。

「です・ます調」と「だ・である調」の特徴

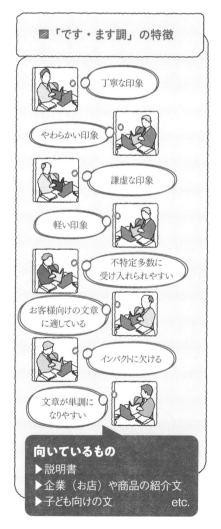

▨「です・ます調」の特徴

- 丁寧な印象
- やわらかい印象
- 謙虚な印象
- 軽い印象
- 不特定多数に受け入れられやすい
- お客様向けの文章に適している
- インパクトに欠ける
- 文章が単調になりやすい

向いているもの
▶ 説明書
▶ 企業（お店）や商品の紹介文
▶ 子ども向けの文　　　etc.

▨「だ・である調」の特徴

- 硬い印象
- 断定的な印象
- 簡潔な印象
- 偉そうな印象
- テンポが良い
- メッセージ性のある文章に適している
- 主観的な見解を表すのに適している
- 専門的な内容に適している

向いているもの
▶ 批評・評論
▶ 論文
▶ レポート・契約書　　etc.

05 「同一の語尾」を 連続して使うのはNG

伝わる文章を書くためには、内容だけでなく、文末にも工夫が
必要です。

文章を書く時には、**同一の語尾の連続**は避けたいところです。例えば、「〜です。
〜です。〜です。」「〜である。〜である。〜である。」といった具合に同じ語尾
が連続すると、リズムが単調になり読みにくくなってしまいます。特に「です・
ます調」は、「〜らしいのです」「〜と思います」など語尾が「です」「ます」に
なりやすいため、工夫が必要です。

同じ語尾が続くと文章が単調になる

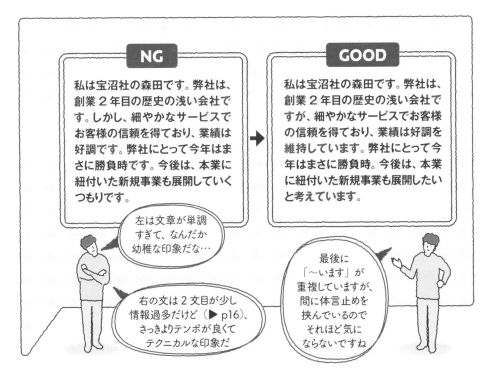

NG

私は宝沼社の森田です。弊社は、創業2年目の歴史の浅い会社です。しかし、細やかなサービスでお客様の信頼を得ており、業績は好調です。弊社にとって今年はまさに勝負時です。今後は、本業に紐付いた新規事業も展開していくつもりです。

GOOD

私は宝沼社の森田です。弊社は、創業2年目の歴史の浅い会社ですが、細やかなサービスでお客様の信頼を得ており、業績は好調を維持しています。弊社にとって今年はまさに勝負時。今後は、本業に紐付いた新規事業も展開したいと考えています。

左は文章が単調すぎて、なんだか幼稚な印象だな…

右の文は2文目が少し情報過多だけど（▶ p16）、さっきよりテンポが良くてテクニカルな印象だ

最後に「〜います」が重複していますが、間に体言止めを挟んでいるのでそれほど気にならないですね

一般的に、同じ語尾は３回続けて使用しないほうが良いといわれています。語尾に変化をつけるには、①二つの短い文を一文にまとめる、②「〜でしょう」といった推量や「〜ではありません」といった否定形を組み込む、③体言止めを用いるなどの方法があります。以下の例のように、言葉の配置を換える（主語の組み立てを変える）のも、語尾に変化をつける方法の一つです。

語尾に変化をつけるテクニック

二つの短い文を一文にまとめる

当店は創業 80 年の老舗です。
私は 5 代目の店主です。

↓

当店は創業 80 年の老舗で、私は 5 代目の店主です。

体言止め、推量、否定形などを組み込む

東京は発展します。
↓ 体言止め
東京は発展。
↓ 推量
東京は発展するでしょう。
↓ 二重否定（強い肯定）
東京が発展しないわけはありません。

言葉の配置を換える

目指すは、すべてのステークホルダーと共に発展できる企業です。

↓

すべてのステークホルダーと共に発展できる企業を目指しています。

06 「過去形」を連続して使うのはNG

文末に過去形が連続する文章は、読み手に稚拙な印象を与えてしまいます。

「〜した」「〜だった」など文末に**過去形が連続**する文章は、リズムが一本調子で、子どもの作文のような稚拙な印象を与えます。過去のことを伝える文章であっても、以下のように、大きな状況を説明する時は過去形を、小さな状況の説明や書き手の心理描写をする時は現在形を使うと、テンポが良く読みやすい文章になります。

過去形の連続は稚拙な印象を与える

NG

先日、久しぶりに母校を訪れた。当時、毎日のように通ったサークルの部室は跡形もなくなっており、当時の面影はなかった。学食もきれいに改装されていて、こぎれいな装いの学生たちが談笑していた。時の流れが、思い出も流し去っていた。私は少し寂しい思いを抱きながら、大学を去った。

なんだか子どもの作文みたい…

GOOD

先日、久しぶりに母校を訪れた。当時、毎日のように通ったサークルの部室は跡形もなくなっており、当時の面影はない。学食もきれいに改装されていて、こぎれいな装いの若者たちが談笑していた。時の流れが、思い出も流し去ってしまったのか……。私は少し寂しい思いを抱きながら、大学を去った。

「〜た」で終わる文章が減ったことで文章に大人っぽさとリズムが出てきたね

過去形の連続を避ける以外にも、正確性を欠いた語尾の使用にも注意しましょう。一例としては、自分の意見や主張を明確に示したい時や、物事の白黒をはっきりさせたい時は、「〜かもしれません」と語尾を濁さず、「〜に違いありません」と、断定の表現を使いましょう。中立的であることを意識するあまり、曖昧な語尾を多用してしまうと、読む人にも曖昧な印象を与えかねません。

語尾の選び方も大切

✍ 代表的な語尾のバリエーション

断定

〜です／〜ます／〜だ／〜である／〜にほかなりません

推量・可能性

〜でしょう／〜だろう／〜かもしれない／〜かもしれません／〜という可能性もある／〜になるはずです／〜と考えられます／〜と考えられる／〜と考えられている／〜と推測されます／〜と言えそうです／〜ではないでしょうか

疑問

〜でしょうか／〜ですか／〜だろうか

伝聞・様態

〜らしいです／〜とのことです／〜そうです／〜そうだ／〜ようです／〜ようだ／〜だと言われています

✍ その他、曖昧な語尾の例

〜とされています／〜とされる／〜だと思われます／〜だと思います／〜という気がします／〜という感じがする／〜と広く考えられている／〜と広く見なされている／〜と信じられている／〜という声（話）もある／〜という指摘（批判）もある／〜と見る向きもある／〜と言えなくもない／なぜか〜である／（○○氏が）〜と論じている／（○○［資料名等］に）〜とある

「情報の正確性」や「書き手の意思」を反映するには、適切な語尾を選ぶことが大切です

07 「の」の連続は避ける

助詞の「の」が一文の中で連続使用されていると、読み手に稚拙な印象を与えてしまいます。

「〜の〜の〜の〜の〜」と、一文の中に何度も **助詞の「の」** が続くと、間延びした感じがするばかりでなく、読む人に稚拙な印象を与えてしまいます。これを避けるには、「の」を省略するか、文中で使われている「の」の意味に応じて、別の表現へと置き換える必要があります。「の」を使用する場合は、一文の中に2つまでを目安にしましょう。

「の」の連続はNG

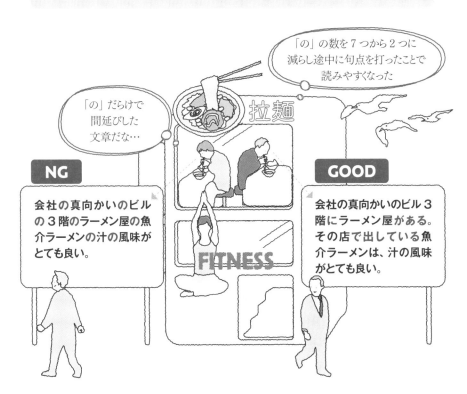

「の」の数を7つから2つに減らし途中に句点を打ったことで読みやすくなった

「の」だらけで間延びした文章だな…

NG

会社の真向かいのビルの3階のラーメン屋の魚介ラーメンの汁の風味がとても良い。

GOOD

会社の真向かいのビル3階にラーメン屋がある。その店で出している魚介ラーメンは、汁の風味がとても良い。

助詞の「の」は、**場所**や**時間**、**対象**、**所有**などさまざまなものを示す場合に使われます。そのため、「の」が示す意味に応じて、以下のような言葉に置き換えることができます。また、「の」を「〜する」「〜にある」「〜にいる」など動詞表現に置き換えたり、なくても成り立つ言葉を削ったりすることで、「の」の連続使用を防ぐことができます。

「の」の連続使用を防ぐテクニック

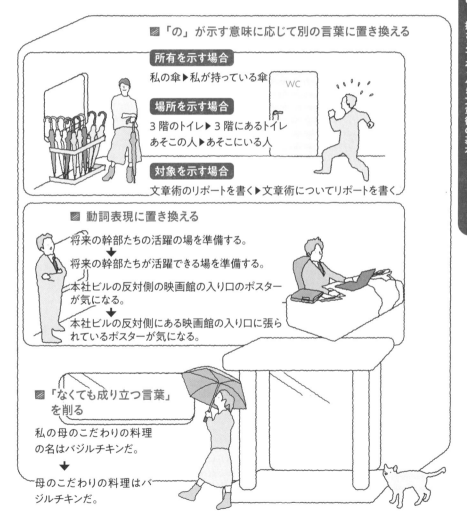

☑「の」が示す意味に応じて別の言葉に置き換える

所有を示す場合

私の傘▶私が持っている傘

場所を示す場合

3階のトイレ▶3階にあるトイレ
あそこの人▶あそこにいる人

対象を示す場合

文章術のリポートを書く▶文章術についてリポートを書く

☑ 動詞表現に置き換える

将来の幹部たちの活躍の場を準備する。
↓
将来の幹部たちが活躍できる場を準備する。

本社ビルの反対側の映画館の入り口のポスターが気になる。
↓
本社ビルの反対側にある映画館の入り口に張られているポスターが気になる。

☑「なくても成り立つ言葉」を削る

私の母のこだわりの料理の名はバジルチキンだ。
↓
母のこだわりの料理はバジルチキンだ。

08 「接続詞」の連続は避ける

工夫が足りないと、読み手に稚拙な印象を与えてしまう例はまだまだあります。その一つが接続詞です。

「また」「そして」「それから」などの**接続詞**は、前後の文章をつなげる時に便利な表現です。しかし、同一の段落で2回以上登場すると、くどい印象を与えるうえに、見栄えもよくありません。同じ段落で使用する場合は、1回に限定したほうが良いでしょう。例えば、以下のように何度も「また」が登場すると、意味は十分に伝わりますが、読む人に稚拙な印象を与えてしまいます。

「また」の連続使用はNG

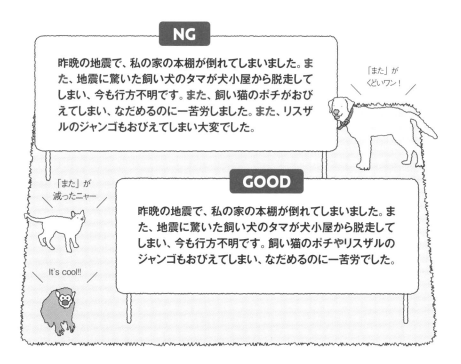

NG

昨晩の地震で、私の家の本棚が倒れてしまいました。また、地震に驚いた飼い犬のタマが犬小屋から脱走してしまい、今も行方不明です。また、飼い猫のポチがおびえてしまい、なだめるのに一苦労しました。また、リスザルのジャンゴもおびえてしまい大変でした。

「また」がくどいワン!

GOOD

昨晩の地震で、私の家の本棚が倒れてしまいました。また、地震に驚いた飼い犬のタマが犬小屋から脱走してしまい、今も行方不明です。飼い猫のポチやリスザルのジャンゴもおびえてしまい、なだめるのに一苦労でした。

「また」が減ったニャー

It`s cool!!

「そして」や「それから」などの多用も要注意です。**順接**の意味を持つ「そして」や「それから」には、前後の文章を論理的に結ぶ役割があります。しかし、以下の例のように、前後の文章が論理的に結ばれてさえいれば、わざわざ使う必要はありません。もちろん、極端に接続詞の使用を恐れる必要はありません。適度に接続詞を使ったほうが、論理の破綻がしにくくなるからです。一段落に1回という目安さえ意識すれば、それほどくどい印象にはなりません。

「そして」「それから」の多用も要注意

NG

今日は5時に退社しました。そして、ビジネスセミナーに参加。それから帰宅しました。そして夕食を食べた後に入浴し、それからストレッチをして寝床につきました。

これも
子どもが書いた
作文みたいだワン

GOOD

今日は5時に退社して、ビジネスセミナーに参加。帰宅後は夕食を食べて入浴し、ストレッチをしてから寝床につきました。

This is easy to read

情報量は一緒なのに
短いし、すっきりしたニャー

接続詞の役割

One point

接続詞には、「並列（「また」など）」「対比（「一方」など）」「説明（「なぜなら」など）」「補足（「なお」など）」ほか、さまざまな種類がありますが、接続詞の役割をもっともわかりやすく表しているのが「順接」と「逆接」の接続詞です。

順接

前に述べたことが原因（理由）となり、後に述べたことが結果（結論）となること。
「だから」「それで」「そのため」「したがって」「ゆえに」など

例文

今日は平日である。
だから出社する。

逆接

前に述べたことから予想される結果とは逆の結果になること。
「しかし」「ところが」「にもかかわらず」「なのに」など

例文

今日は休日である。
なのに出社する。

09 「。」と「、」のルール

感覚だけで句読点を打つと、文章の意味が変わってしまう場合もあるので要注意です。

句点「。」と**読点**「、」を合わせて句読点と言います。句点を文末に打つことは、ほとんどの人にとって常識だと思いますが、引用の終了を示すため、あるいは何らかの効果を狙ってか、たまに文中に句点が打たれている文章を見かけます。しかし、以下のように文章の途中で句点を打つと、途端に読みにくくなってしまいます。

「。」を文中に打つのはNG

NG
いつでもどこでも 100%全力で。
が私のモットーです。

BETTER
いつでもどこでも 100%全力で、
が私のモットーです。

GOOD
「いつでもどこでも全力で」
が私のモットーです。

文の途中での
引用の区切りには
「。」ではなく
カッコを使うのが
オススメ

句読点のうち、読点については、特に注意が必要です。打つ場所によって、文の意味が変わってしまう場合があるからです。また、読点には意味のグループを作り出すという役割もあります。ほかにも、リズムを整えたり、文のまとまりや意味を簡潔・明瞭にしたりする役割もあります。読点をどこに打つかで、文章の読みやすさやわかりやすさが変わります。

読点のルールと例文

Point 1 読点の位置が違うと意味が変わってしまう

| NG | 佐藤さんは手際よくテント設営する吉田さんを手伝った。 |

「手際よく」しているのは佐藤さんと吉田さんのどっち？

| 修正① | 佐藤さんは手際よく、テント設営する吉田さんを手伝った。 |

佐藤さんが「手際よく」手伝ったのか

| 修正② | 佐藤さんは、手際よくテント設営する吉田さんを手伝った。 |

いや、吉田さんが「手際よく」テント設営していたようだ

Point 2 主な読点のルール

①長い主語のあとに打つ
1970年3月に共産主義者同盟赤軍派が起こした日本航空機ハイジャック事件が、日本における最初のハイジャック事件だ。

②逆接の助詞のあとに打つ
今日は猛暑日だったが、明日は一気に寒くなるらしい。

③「原因」と「結果」、「理由」と「結論」の間に打つ
彼は自信がなかったので、私に押しつけようとした。

④「前提」と「結論」の間に打つ
どんな困難が待ち受けていようとも、私は必ずやり遂げる。

⑤時間や場面が変わるところに打つ
彼がそう強く主張したところ、相手の態度が一変した。

「二重否定」を避ける

「二重否定」は時に効果的なものですが、多用すると文章がわかりにくくなってしまいます。

「知らないわけではない」などと、否定の言葉を連続で使う語法を**二重否定**と言います。二重否定とは、「否定」を「否定」して「肯定」することです。つまり、同じ意味を普通に肯定文で書くこともできるのです。わかりやすさが求められる実務文で二重否定を使うと、誤読や混乱を招く要因となるので、あまり使用しないほうが良いでしょう。

「二重否定」の例

二重否定は「完全な肯定」ではなく、「やや消極的な肯定」を表すには便利な言葉です。そのため、明言を避けたい場合や、はっきりと言いにくい場合には重宝します。また、あえて二重否定を使うことで「強い肯定」を表す場合もあります。しかし、報告書など明快さが求められる文書で使用すると、わかりにくいだけでなく、「責任逃れか」といったネガティブな印象を読み手に与えるおそれもあります。「二重否定」の取り扱いには、くれぐれも気をつけましょう。

「二重否定」を避けるべき理由

まわりくどい

期日に間に
合わないこともない

間に合う
かもってことだよね?
もっと普通の言い
方できない?

あなたのことが
好きじゃないわけ
じゃないです

**意味が
わかりにくい**

この計算は
難しくないこともない

イライラ

難しいの?
難しくないの?
どっち!?

どういう意味?
はっきり言って!

**読み手に誤解を
与える**

One point

「二重否定」は、あえて肯定を強調する意味
で使われる場合もあります。

例 部下のピンチを助けないわけにはいかない。

二重否定によって
必ず助けるという
決意が伝わるね

11 「づ・ず」や「ぢ・じ」の使い分け

「づ」と「ず」、「ぢ」と「じ」などのミスは、読み手の印象に意外と強く残ります。

簡単なようでいて、意外と複雑なのが「づ・ず」や「ぢ・じ」の使い分けです。例えば、「気付く」は「気づく」と「気ずく」のどちらが正解でしょうか。正解は「気づく」です。この使い分けは、**漢字に変換**して考えるとわかりやすくなります。他にも「読み辛い」は「読むのが辛（つら）い」ので、「読みづらい」が本来は正しい表記です。

「漢字」にするとわかりやすい

使い辛い＝使い＋辛（つら）い
NG 使いずらい
GOOD 使いづらい

「づ・ず」と「ぢ・じ」で迷ったらまずは漢字に変換して考えてみましょう

この鉛筆長すぎる…

小突く＝小＋突（つ）く
NG こずく
GOOD こづく

ツンツン

引き摺る＝引き＋摺（す）る
NG 引きづる
GOOD 引きずる

ズルズル

ちなみに「現代仮名遣い」という内閣告示（昭和61年）では、原則として「ず」や「じ」を使うとしています。しかし、**「同音連呼」**（例：縮む／ちぢむ）および**「二語の連合」**（例：鼻血／はなぢ）の場合には、「づ・ぢ」を用いることになっています。ただし、「地面（じめん）」「布地（ぬのじ）」「図画（ずが）」「略図（りゃくず）」など、漢字の音読みがもともと濁っている言葉は、「ず・じ」を用います。

「同音連呼」と「二語の連合」の例

「同音連呼」の例

ちぢむ（縮む）　つづみ（鼓）
つづら（葛籠）　つづく（続く）
つづる（綴る）　etc.

確かに
「ちぢむ」だと
変な感じがするね

「二語の連合」の例

はなぢ（鼻血）　まぢか（間近）
こづつみ（小包）　みちづれ（道連れ）
てづくり（手作り）　つねづね（常々）
ちかぢか（近々）　かたづく（片付く）
こづかい（小遣い）
こころづくし（心尽くし）　こぢんまり
etc.

互いに関連しているから
「ず・じ」だと
確かに違和感があるかも

二語に分解
しにくい言葉の中には、
「ず」「じ」を原則と
しながらも、「づ」「ぢ」を
用いてもよいとされて
いる言葉があります。

One point

どちらを用いてもよい言葉の例

せかいぢゅう・せかいじゅう（世界中）
いなづま・いなずま（稲妻）
かたづ・かたず（固唾）
きづな・きずな（絆）
さかづき・さかずき（杯）
ゆうづう・ゆうずう（融通）　etc.

Chapter

TSUTAWARU
BUNSHOJUTSU
mirudake note

3

知らないと恥ずかしい！

説得力が増す
文章術のルール

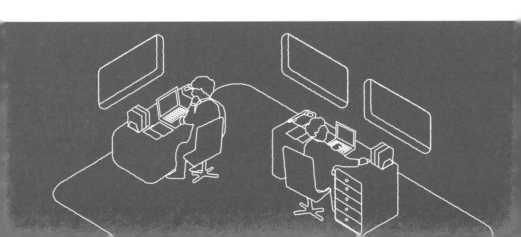

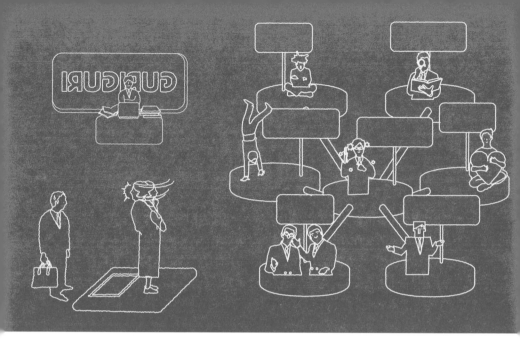

「伝わる文章」のルールは
決して難しくありません。
読めばきっと、納得できるはず

言語には細かなルールがあります。もちろん、日本語も例外ではありません。決まりごとをしっかりと押さえておかないと、思わぬ恥をかくことも……。「伝わる文章」のルールを学んで、説得力ある文章を書きましょう。

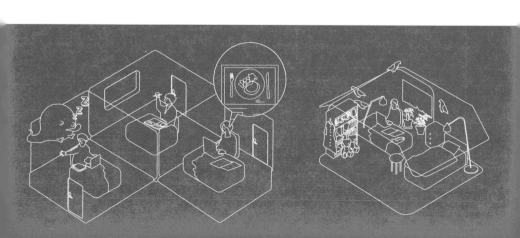

01 「〜こと」や「〜もの」は多用しない

「〜こと」と「〜もの」は便利な言葉ですが、用い方によっては文章がくどくなったり、曖昧になったりします。

「**〜こと**」を何度も用いた文章は、読む人にスマートな印象を与えません。「こと」は、あらゆる事柄を名詞化できる便利な言葉ですが、あまり多用すると文章がくどくなってしまいます。ちなみに、「〜こと」には、状態や事柄、程度などを強調する役割もあります。やみくもに多用せず、そのつど強調の度合いを考えながら使う意識を持ちましょう。

「こと」の多用はNG

NG
上司が部下のことを見守ることで、部署の業績が上がる。

GOOD
例❶ 上司が部下を見守ると、部署の業績が上がる。

GOOD
例❷ 上司が部下を見守ることで、部署の業績が上がる。

「こと」が続くとくどい印象だけど一つだけならあまり気にならないね

例❷は「見守る」を強調するためにあえて「こと」を付けています

「〜もの」という言葉も、「〜こと」と似たような性質があります。「もの」は具体的な物を代用する役割を担っており、「こと」と同じく便利な言葉です。しかし、文中で安易に用いると、文の内容が曖昧になり、読み手に伝わりにくくなってしまいます。以下の例のように、より具体的な書き方をしたほうが、読む人の理解が深まります。

「もの」も安易に用いない

NG
ハードディスクとは、データを記録するためのものである。

GOOD
ハードディスクとは、データを記録するための大容量記憶装置である。

「もの」でも通じるけど、より具体的に書いたほうが相手に伝わりやすい

安易に「もの」に依存すると、内容がぼんやりとしてしまいます

NG
名刺とは、自分を相手方に紹介するために職業、氏名、電話番号、メールアドレスなどを記入したものである。

GOOD
名刺とは、自分を相手方に紹介するために職業、氏名、電話番号、メールアドレスなどを記入した小型の名札である。

「に」や「は」の連続は避ける

助詞の「に」や「は」を連続で使用すると、リズムが悪くなるばかりか、文章が読みにくくなってしまいます。

Chapter 1 で「の」の連続使用について触れましたが（▶ P38）、同じく助詞の「に」の連続使用も避けたほうが良いでしょう。以下の例文（NG）は、意味は通じるので間違いというわけではありません。しかし、さすがに「に」5つの連続使用はくどいです。語呂が悪いばかりでなく、区切りやメリハリがなく、読み手を混乱させてしまいます。

「に」の連続使用はNG

NG
妻は私に朝5時に近くの公園に犬の散歩に行くように命じた。

GOOD
妻は私に犬の散歩に行くよう命じた。「朝の5時に、近くの公園までよろしく」とのこと。

見苦しくない文章を意識すれば自然と同じ助詞の連続使用は減ります

助詞の「**は**」も連続して使用すると、リズムが悪くなるばかりでなく、文章が読みにくくなります。以下の例文（NG）には「は」が４つ含まれています。そのうち「私は」以外の３つの「は」は、それぞれ前の言葉を強調（限定）する役割で使われています。そのままでも意味は通じますが、お世辞にも読みやすい文章とは言えません。

「は」 の連続使用も NG

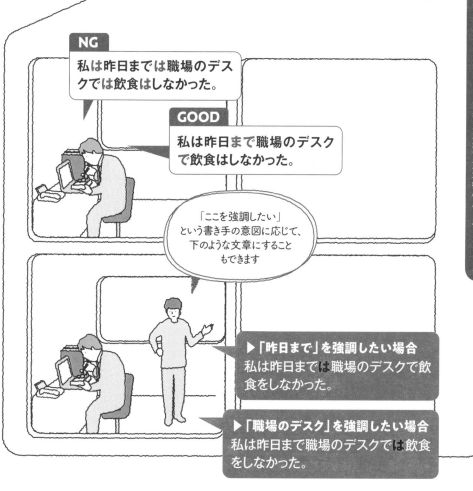

NG

私は昨日までは職場のデスクでは飲食はしなかった。

GOOD

私は昨日まで職場のデスクで飲食はしなかった。

「ここを強調したい」
という書き手の意図に応じて、
下のような文章にすること
もできます

▶「昨日まで」を強調したい場合
私は昨日まで**は**職場のデスクで飲食をしなかった。

▶「職場のデスク」を強調したい場合
私は昨日まで職場のデスクで**は**飲食をしなかった。

03 「に」の正しい使い方

ここでは、助詞の「てにをは」のうち、「には」と「は」、「に」と「で」「を」の使い分けを解説します。

よく「"てにをは"に気をつけよう」と言いますが、**てにをは**には、人と人、人ともの、ものとものの関係を示すという重要な役割があります。中でも「に」は、使い分けが複雑で間違えやすい助詞の一つです。まずは、格助詞「に」に係助詞「は」が付いた**には**と、係助詞**は**の使い分けを学びましょう。

「には」と「は」の使い分け

NG
彼は会長としての誇りがある。

GOOD
彼には会長としての誇りがある。

GOOD
彼は会長としての誇りを持っている。

所有を表す文型は「〜には〜がある」「〜は〜を持っている」という形で使い分けます

「には」と「は」は、文章が「能動」か「受動」かでも使い分けが必要です

NG
この論文は、アライグマの生態に関することが書かれている。

GOOD
この論文には、アライグマの生態に関することが書かれている。
書かれている＝受動→「には」を用いる

GOOD
この論文は、アライグマの生態に関することを書いている。
書いている＝能動→「は」を用いる

「に」と「で」も、誤って使われているケースがしばしばあります。以下の例文のような場合、「に」は何かがある場所や、到達地点を示す場合に使います。一方、「で」は何かが行われる場所などを表す場合に用います。また、「に」と「を」の使い分けにも注意が必要です。

「に」と「で」、「に」と「を」の使い分け

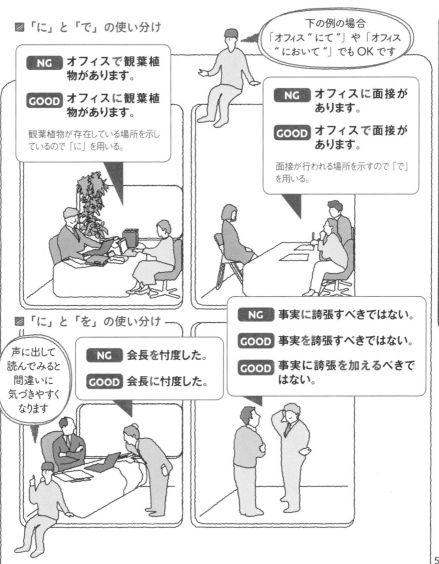

▨ 「に」と「で」の使い分け

下の例の場合
「オフィス"にて"」や「オフィス"において"」でも OK です

NG　オフィスで観葉植物があります。

GOOD　オフィスに観葉植物があります。

観葉植物が存在している場所を示しているので「に」を用いる。

NG　オフィスに面接があります。

GOOD　オフィスで面接があります。

面接が行われる場所を示すので「で」を用いる。

▨ 「に」と「を」の使い分け

声に出して読んでみると間違いに気づきやすくなります

NG　会長を忖度した。

GOOD　会長に忖度した。

NG　事実に誇張すべきではない。

GOOD　事実を誇張すべきではない。

GOOD　事実に誇張を加えるべきではない。

04 「を」の正しい使い方

助詞の「を」と「で」、「を」と「が」も、間違って用いられているケースが多いため、注意が必要です。

格助詞「**を**」は、「資産運用の本を参考にする」といった形で動作・作用の対象や目的を表すほか、「公園を散歩する」といった形で移動の出発点や通過点、経路などを表します。一方、「**で**」は「を」よりも用法の広い格助詞ですが、特に手段や方法を表す場合に、「資産運用の本で参考にする」といった形で誤用されることが多いようです。

「を」と「で」の使い分け

NG
宝くじの当選金で、旅行の資金にする。

GOOD
宝くじの当選金を、旅行の資金にする。

GOOD
宝くじの当選金で、旅行をする。

これからは
贅沢三昧だ…

「を」と「で」のどちらを使うかで、続く文章も変わります

この例文の場合は「当選金で旅行をする」のか、「当選金を旅行の資金にする」のかで「で」と「を」を使い分けます

「を」と「で」に次いで間違いが多いのが、「を」と「が」の使い分けです。例えば、目的語を示すのに動詞の場合は「を」を、形容詞の場合は「が」を使います。しかし、日本語には「動詞」と「形容詞」のどちらにも区分できないものもあります。その場合は、「を」と「が」のどちらを使っても良いとされています。

「を」と「が」の使い分け

石を投げる。
投げる＝動詞→「を」を用いる

石が欲しい。
欲しい＝形容詞→「を」を用いる

石が（を）投げたい。
〜たい・たがる＝形容詞型の活用をする助動詞→ニュアンスを見極めて「を」と「が」を使い分ける

ムムッ
良い石だ

あの石、投げたい…

「を」と「が」も、「には」と「は」と同様に（▶ p54）、受動か能動かで使い分ける場合があります

NG
この森の豊かさを、まだ十分に認識されていない。

GOOD
この森の豊かさが、まだ十分に認識されていない。
認識されていない＝受動→「が」を用いる

GOOD
この森の豊かさを、まだ十分に認識していない。
認識していない＝能動→「を」を用いる

05 「こそあど言葉」を多用しない

「こそあど言葉」は便利な一方で、多用しすぎると文章がわかりにくくなってしまいます。

「これ」「それ」「あれ」「どれ」といった「**こそあど言葉（指示語）**」は、言葉の重複を避けたい時に重宝します。しかし、文中に「こそあど言葉」が頻出すると、「それ」や「あれ」がどの言葉を指しているのかが、わかりにくくなってしまいます。特にビジネス文書などの実務文では、「こそあど言葉」の多用は避けるべきです。

指し示す言葉が不明な「こそあど言葉」は悪文

NG

アーティストたちは、芸術活動の収益化の困難さゆえに、将来の生活に不安を感じている。それは今後も変わらないだろうと、それらは諦めている。

「それ」や「それら」が何を指すのかわかりにくい…

単語の重複が気になったとしても意味がわからないよりはいいね

GOOD

アーティストたちは、芸術活動の収益化の困難さゆえに、将来の生活に不安を感じている。収益化の困難さは今後も変わらないだろうと、アーティストたちは諦めている。

文中で「こそあど言葉」を使う時は、初めて読む人にも「それ」や「あれ」が何を指すのかわかるようにしておく必要があります。自分で読み返してみて、その「こそあど言葉」が何を指しているかわかりにくいと感じた場合は、そのまま放置せず、具体的な言葉に置き換えましょう。

ビジネス文書で「曖昧な表現」はNG

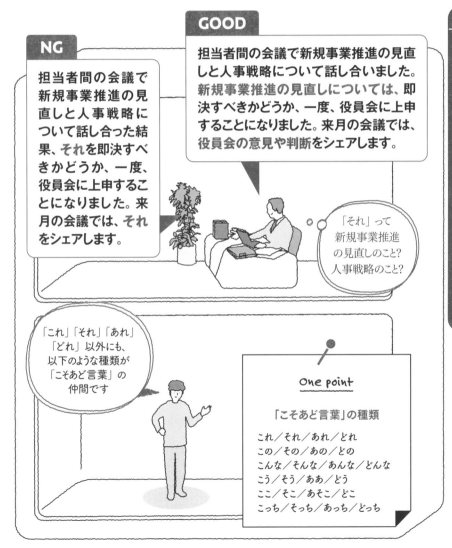

NG

担当者間の会議で新規事業推進の見直しと人事戦略について話し合った結果、それを即決すべきかどうか、一度、役員会に上申することになりました。来月の会議では、それをシェアします。

GOOD

担当者間の会議で新規事業推進の見直しと人事戦略について話し合いました。新規事業推進の見直しについては、即決すべきかどうか、一度、役員会に上申することになりました。来月の会議では、役員会の意見や判断をシェアします。

「それ」って新規事業推進の見直しのこと?人事戦略のこと?

「これ」「それ」「あれ」「どれ」以外にも、以下のような種類が「こそあど言葉」の仲間です

one point

「こそあど言葉」の種類

これ／それ／あれ／どれ
この／その／あの／どの
こんな／そんな／あんな／どんな
こう／そう／ああ／どう
ここ／そこ／あそこ／どこ
こっち／そっち／あっち／どっち

06

「話し言葉」に要注意

「話し言葉」をそのまま文章として書くと、読む人に稚拙な印象を与えてしまう場合もあるので注意が必要です。

「話し言葉」独特の言い回しに**バイト敬語**があります。「〜になります」「〜のほうをお持ちしました」「〜からお預かりします」といったバイト敬語は、もともと誤った日本語が話し言葉として定着したものです。ビジネス文書などかしこまった文章の中にバイト敬語などの話し言葉が混在すると、読む人に違和感や稚拙な印象を与えてしまいます。

「バイト言葉」の例

NG
先日、前金として５千円からお預かりいたしました

NG
商品カタログのほうをお送りいたします

GOOD
商品カタログをお送りいたします

GOOD
先日、前金として５千円をお預かりしました

"ほう"ってことは、ほかに別のものも要求したっけ？

これから新商品の写真に"なる"ってどういう意味？

NG
こちらが新商品の写真になります

"から"って意味わかって使っている？

GOOD
こちらが新商品の写真です

バイト敬語と並ぶ話し言葉の典型が「マジ」「ヤバい」「ガチで」といった**若者言葉**です。こうした言葉も、書き言葉として使うと読む人に稚拙な印象を与えてしまいます。また、バイト敬語や若者言葉以外にも、書き言葉には適さない話し言葉は多数あります。あなたも以下のような話し言葉を文書作成時に使用していないか、チェックしましょう。

「若者言葉」にも要注意

NG

先日、外回り営業中にゲリラ豪雨に襲われてマジで焦りました。周囲にほとんど店のない閑静な住宅街でしたので、コンビニで傘を買えなければヤバかったです。その後、得意先に伺ったのですが、先日の契約を見直したいとのことで、ガチでヘコみました。

GOOD

先日、外回り営業中にゲリラ豪雨に襲われ、本当に焦りました。周囲にほとんど店のない閑静な住宅街でしたので、コンビニで傘を買えなければずぶ濡れになるところでした。その後、得意先に伺ったのですが、先日の契約を見直したいとのことで、私としては非常にショックでした。

バイト敬語や若者言葉以外にも、以下のような「話し言葉」は「書き言葉」に置き換えましょう

話し言葉	書き言葉
あんまり	▶ あまり
いろんな	▶ いろいろな
かぶる	▶ 重複する／重なり合う／同じになる
～けど	▶ ～けれど／だが
こっち／そっち／あっち	▶ こちら／そちら／あちら
しちゃった	▶ してしまった
～してる	▶ ～している
じゃあ	▶ では／それでは
～じゃない	▶ ～ではない
ちっとも	▶ 少しも／いささかも／微塵も

話し言葉	書き言葉
ちゃんと	▶ きちんと／しっかりと／正しく
でも／だけど	▶ だが／しかし／けれども／ただ
～とか	▶ ～や
どっち	▶ どちら／いずれ
とっても／めっちゃ／めちゃめちゃ	▶ とても／非常に／極めて
なるたけ	▶ なるべく
なんで	▶ なぜ／どうして
～みたい	▶ ～のよう
やっと	▶ ようやく
やっぱり	▶ やはり

07 情報伝達の基本 「5W 2H」

ここで解説する「5W 2H」は、文章を書く時ばかりでなく、あらゆる情報伝達を行う際の基本です。

情報を伝える文章では、**Who**（誰が）、**What**（何を）、**When**（いつ）、**Where**（どこで）、**Why**（どうして）、**How**（どのように）、**How much**（いくら）の「**5W 2H**」の意識が欠かせません。特に、情報の正確性が求められる企画書やプレゼン資料、報告書などで、必要な「5W 2H」の情報が抜け落ちてしまうと説得力が弱まってしまいます。

「5W 2H」を常に意識しよう

情報を伝える時に「5W 2H」が欠けてしまうと、相手の思い込みや誤解を招きやすくなります。また、情報が不足した文章は、読む人にとってわかりにくいだけでなく、読み解いたり、調べたりといった負担をかけてしまいます。大切なのは、相手が必要とする情報を過不足なく盛り込むことです。

必要な情報を選んで伝える

先日の件って何のことだ?

NG

山田です。先日の件ですが、先方は再検討して欲しいとのことでした。

「5W 2H」を意識する

Who（誰が再検討を依頼した?）	▶ A 社の中村課長
What（何の再検討を求められた?）	▶ 製造委託
When（いつ?）	▶ 今日の 14 時
Where（どこで?）	▶ 飯田橋にある A 社
Why（なぜ?）	▶ 委託費の不足
How（どう対応する?）	▶ 委託費の増額
How much（いくら）	▶ 100 個 1 万円から 1 万 2000 円に増額

GOOD

山田です。先日相談いたしました A 社への製造委託の件ですが、本日 A 社の中村課長と打ち合わせをした際、再検討して欲しいとのことでした。当社から提示した委託費だと、初期投資の回収に時間がかかるとのこと。当初、100 個 1 万円で提示しましたが、1 万 2000 円で再提示したいと考えています。

なるほど。了解した

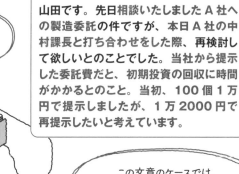

この文章のケースでは、時間や場所の情報は不要と判断し、あえて盛り込んでいません

「具体的」「客観的」に書く

伝わる文章を書くためには、「相手もわかっているはず」という思い込みを捨てましょう。

正確性や説得力が求められる文章では、前項で解説した「5W 2H」以外のことも、できるだけ**具体的**かつ**客観的**に書く必要があります。例えば、単に「会議の日が近い」と書くだけでは、会議の日がどれだけ近いのかわかりません。時間に限らず、「どの程度か」を示せるものは、具体的な**数値**や**固有名詞**などに置き換えましょう。

曖昧な表現は避け、具体的に書く

NG

林課長へ。会議の日が近いので、資料を多めにご用意願います。

いつの会議のこと？
多めってどのぐらい？

GOOD

林課長へ。明後日（22日）15時からの会議ですが、参加者は我々を含め7名の見込みです。人数分の資料をご用意願います。

「明後日（22日）15時」
「参加者は我々を含め7名」
といった具体的な数字があると
読む人もわかりやすいです

なるほど
準備しておこう

「大きい」「小さい」「高い」「安い」「多い」「少ない」「長い」「短い」などの形容詞や、「しばらく」「すぐに」「大幅に」「多少」といった副詞は、読む人によってイメージが異なります。しかし、こうした副詞や形容詞に当たる部分を具体的に書き換えることで伝達ミスを減らすことができます。また、具体的情報には、その根拠も提示すると良いでしょう。情報の信頼性が増します。

ケース別「具体的な表現」の例

数量

NG 閉店まで在庫を持たせるにはちょっと足りなそうです。

GOOD 閉店まで在庫を持たせるには50個ほど足りなそうです。

金額

NG クライアントの要望に応じるには、もう少し予算が必要です。

GOOD クライアントの要望に応じるには、あと200万円ほど予算が必要です。

NG 遅れていたサンプルの件ですが、体制を立て直しましたので、間もなく完成します。

GOOD 遅れていたサンプルの件ですが、昨日ベテランのスタッフを2名増員して体制を立て直しましたので、25日までには完成します。

固有名詞・時間

NG 会場へは十分に余裕を持ってお越しください。

GOOD 会場の宝島会館へは、開始の15分前までにお越しください。

具体的情報だけでなく、その「根拠」があるとさらに説得力が増します

09 「重ね言葉」に要注意

「重ね言葉」を避けるためには、言葉の意味をしっかりと理解する必要があります。

「後で後悔する」「いまだ未完成」「日本に来日する」などと、同じ意味の語を無駄に繰り返すことを**重ね言葉（重言）**と言います。言葉の意味を知らずに使っていると、知らず知らずのうちにこうした重ね言葉を用いてしまっている場合があります。文中に重ね言葉があると、読む人に稚拙な印象を与えるため注意が必要です。

「重ね言葉」は稚拙な印象を与える

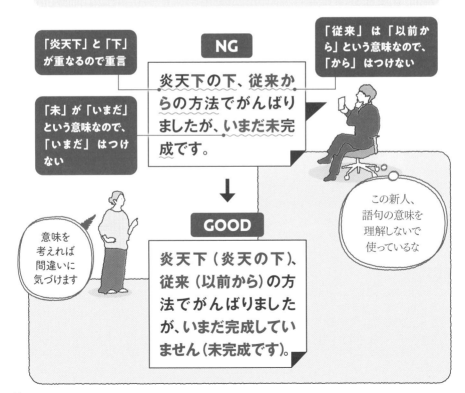

「炎天下」と「下」が重なるので重言

「従来」は「以前から」という意味なので、「から」はつけない

NG

炎天下の下、従来からの方法でがんばりましたが、いまだ未完成です。

「未」が「いまだ」という意味なので、「いまだ」はつけない

この新人、語句の意味を理解しないで使っているな

GOOD

炎天下（炎天の下）、従来（以前から）の方法でがんばりましたが、いまだ完成していません（未完成です）。

意味を考えれば間違いに気づけます

重ね言葉の中には、「巨大」「射程距離」「むやみやたら」など言葉を強める目的で、あえて言葉を重ねた表現もあります。また、重ね言葉に似た語に**畳語**があります。畳語は、「人々」「後々」「泣き泣き」「知らず知らず」などと同語を重ねて作った複合語で、これらも誤りではありません。また、「舞を舞う」「歌を歌う」など、同じ語を重ねないと表現が難しい言葉は許容されています。

使ってしまいがちな「重ね言葉」

☑ 漢字にすると気づきやすい重ね言葉

重ね言葉	改善例
後で後悔する	▶ 後悔する
色が変色する	▶ 変色する／色が変わる
違和感（嫌悪感／不快感）を感じる	▶ 違和（嫌悪／不快）を感じる／違和感（嫌悪感／不快感）がある
沿岸沿い	▶ 沿岸／岸沿い
会を閉会する	▶ 閉会する／会を閉じる
加工を加える	▶ 加工する
火災が鎮火する	▶ 鎮火する／火災が鎮まる
必ず必要	▶ 必要／必ず要る
期待して待つ	▶ 期待する
辞意の意向	▶ 辞意／辞任の意向
収入が入った	▶ 収入があった
尽力を尽くす	▶ 尽力する／力を尽くす
陳述を述べる	▶ 陳述する
日本に来日	▶ 来日／日本に来る
返事を返す	▶ 返事をする
水が増水する	▶ 増水する／水かさが増す
水を放水する	▶ 放水する／水をまく
最も最適	▶ 最適／最も適した
専ら専念する	▶ 専念する
留守を守る	▶ 留守を預かる／留守番する

☑ その他のよくある重ね言葉

重ね言葉	改善例
一番最後／一番最初	▶ 一番あと（最後）／一番さき（最初）
今の現状	▶ 今の状態／現状
日を追うごとに	▶ 日を追って／日ごとに
およそ（約）10 分ほど	▶ およそ（約）10 分／10 分ほど
各職場ごと	▶ 各職場／職場ごと
急に卒倒する	▶ 卒倒する／突然倒れる
5 年後経って	▶ 5 年後／5 年経って
古来から	▶ 古来／古くから
最後の追い込み	▶ 追い込み
雪辱を晴らす	▶ 雪辱する／雪辱を果たす
射程距離に入る	▶ 射程（圏内）に入る
従来まで	▶ 従来／今まで
慎重に熟慮する	▶ 慎重に考える／熟慮する
製造メーカー	▶ 製造業者（会社）／メーカー
そもそもの発端は	▶ そもそもは／発端は
第一回目は	▶ 第一回は／一回目は
次の後継者	▶ 後継者
内定が決まる	▶ 内定する
年内中	▶ 年内／今年中
はっきり断言する	▶ 断言する／はっきり言う
まだ時期尚早	▶ まだ早い／時期尚早
余分な贅肉	▶ 余分な肉／贅肉

同じ漢字が入っていたらまずは重ね言葉を疑いましょう

10 「言葉足らず」は 読む人にとってストレス

"言葉が足りない"と文章が伝わりにくくなるばかりでなく、 読む人の解釈によって意味が変わってしまう場合もあります。

文章を書く時に、必要な主語や述語、目的語などが抜けてしまっている場合が あります。例えば、「友達の意見はもちろん、両親とも話し合って決めました」 と書いた場合、「友達の意見」をどうしたのかが、文のどこにもつながらずわか りません。この場合は、「友達に意見を求めたのはもちろん～」などと、適切な 述語を補う必要があります。

述語が抜けた文章の例

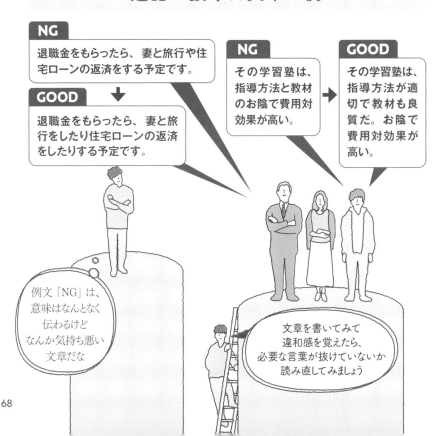

NG
退職金をもらったら、妻と旅行や住宅ローンの返済をする予定です。

GOOD
退職金をもらったら、妻と旅行をしたり住宅ローンの返済をしたりする予定です。

NG
その学習塾は、指導方法と教材のお陰で費用対効果が高い。

GOOD
その学習塾は、指導方法が適切で教材も良質だ。お陰で費用対効果が高い。

例文「NG」は、意味はなんとなく伝わるけどなんか気持ち悪い文章だな

文章を書いてみて違和感を覚えたら、必要な言葉が抜けていないか読み直してみましょう

こうした**言葉足らずの文章**になる原因は、単語レベルの抜けだけではありません。書き手が「当たり前」「伝わるはず」と思い込んでいる内容を省くと、読む人は脈絡がわからず「どういうことだろう？」と頭をひねることになります。以下も、大事な情報を省略した一例です。書き手の真意が見えないため、読み手が想像で解釈するしかなくなります。

「言葉足らず」は読み手にストレスを与える

NG
今日は雨なので、放課後はすぐに帰宅します。

GOOD
今日は雨なので部活の練習は中止です。そのため放課後はすぐに帰宅します。

脈絡がわからない。なぜ雨だとすぐ帰宅？

「言葉足らず」の文章は補う言葉によって意味が変わってしまいます

NG
車を購入して、休日の過ごし方が変わる。

▶修正①〈要因を表す文に〉
車を購入したことによって、休日の過ごし方が変わる。

▶修正②〈条件を表す文に〉
新車を購入すれば、休日の過ごし方が変わる。

▶修正③〈仮定を示す文に〉
新車を購入したとしたら、休日の過ごし方が変わる。

伝わる文章を書くためには「読む人が察してくれるはず」という考え方はNGだニャー

69

11 「述語の共用」に注意する

文章を読んで感じる違和感の原因として、意外と多い間違いの一つが「述語の共用」のミスです。

「時間もコストもかかる」という文の場合、「かかる」という一つの述語を共用することができます。一方、「料理や映画を観る」といった場合はどうでしょうか?「観る」という一つの述語では、状況を説明しきれていません。**述語の共用**ミスは、書き手が無意識に犯しがちなミスの一つです。正確性を欠いているため、実務文でやってしまうと、大きな誤解やトラブルを招いてしまうこともあります。

意外と多い「述語の共用」のミス

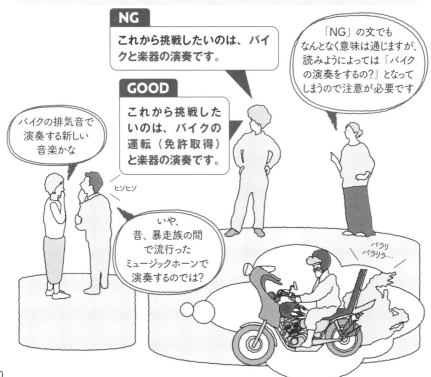

NG
これから挑戦したいのは、バイクと楽器の演奏です。

GOOD
これから挑戦したいのは、バイクの運転（免許取得）と楽器の演奏です。

「NG」の文でもなんとなく意味は通じますが、読みようによっては「バイクの演奏をするの?」となってしまうので注意が必要です

バイクの排気音で演奏する新しい音楽かな

ヒソヒソ

いや、昔、暴走族の間で流行ったミュージックホーンで演奏するのでは?

パラリパラリ…

文章を書く時、いくつかの主語や目的語を並べると、ついつい最後に置いた言葉になじむ述語ですべてを説明しようとしてしまいがちです。しかし、伝わる文章にするためには、一つひとつの言葉に応じた述語を書き分ける必要があります。普通にしゃべる分にはさほど違和感がない場合も、文章にしてみると述語の共用のミスは意外と目立つので、くれぐれも注意しましょう。

一つひとつの言葉に応じた述語を書き分ける

NG
1週間の合宿期間中は、研修だけでなく、多くの同期と意気投合し、「これからこの会社で頑張ろうと」改めて決意しました。

研修と意気投合したの？

うちの会社「研修さん」っていう名前の人いたっけ？

GOOD
1週間の合宿期間中は、研修で基本スキルを習得しただけでなく、多くの同期と意気投合し、「これからこの会社で頑張ろう」と改めて決意しました。

共用物産株式会社

NG
ポストコロナの社会では、リモートワークはもとより人口の東京一極集中が解消されるでしょう。

リモートワークが解消されるの？さらに東京に人口が集中しそう

GOOD
ポストコロナの社会では、リモートワークの導入が進むだけでなく、人口の東京一極集中が解消されるでしょう。

12 文章は「意味ごと」にまとめる

文章の内容がコロコロと変わると、読みにくくなるばかりでなく、読む人にフラストレーションを与えます。

Chapter 1 で「話題ごとに段落を分ける」（▶ p16 〜 17）ことを解説しましたが、同じ段落内においても、細やかに**意味ごとにまとめる**ことで、文章はさらに伝わりやすくなります。例えば、以下の「NG」の例文のように「メリット→デメリット→メリット→デメリット」と話題が入れ子状態になると、読み手は理解するのに時間がかかります。こうした場合は「メリット→メリット→デメリット→デメリット」という流れにしたほうが読みやすくなります。

「意味ごと」にまとめて書く

NG

テレワークの導入は、家族と過ごす時間が増え、育児や介護との両立が可能となるなどメリットが多い。一方、デメリットは生産現場などでは ICT（情報通信技術）の活用領域が限定され、導入が難しい点だ。とはいえ、会議や電話対応などの時間が減り、業務に集中できるため仕事効率もアップする。ただし、運動不足になりがちなのが難点だ。

GOOD

テレワークの導入は、家族と過ごす時間が増え、育児や介護との両立が可能となるなどメリットが多い。そのうえ会議や電話対応などの時間が減り、業務に集中できるため仕事効率もアップする。一方、デメリットは運動不足になりがちな点だ。また、生産現場などでは ICT（情報通信技術）の活用領域が限定され、導入が難しいという課題もある。

意味が分断されていてなかなか理解できない…

関連性の強い文同士をまとめるのがポイントです

例えば、下の例文（NG）では、ファストファッションの「魅力」と「問題点」が「魅力→問題点→魅力→問題点」と交互に並んでいます。話が行き来するため、読む人はいちいち頭を切り替えなくてはなりません。一方、例文（GOOD）では、「魅力→魅力→問題点→問題点」という**スムーズな流れ**になっています。この流れであれば、読む人はストレスを感じずに読み進めることができます。

シンプルな流れでわかりやすくなる

NG

ファストファッションの魅力はズバリ、その安さです。しかし、その安さは海外における極端な低賃金労働に支えられていると言われています。とはいえ、手軽におしゃれが楽しめる点は、このデフレ時代において貴重です。ただし、大量生産による衣服のゴミの増加が環境に悪影響を与えるとして、問題視されています。

GOOD

ファストファッションの魅力はズバリ、その安さです。手軽におしゃれが楽しめる点も、このデフレ時代において貴重です。しかし、その安さは海外における極端な低賃金労働に支えられていると言われています。また、大量生産による衣服のゴミの増加が環境に悪影響を与えるとして、問題視されています。

「魅力→問題点」と
シンプルな流れになって
大分わかりやすくなった

「魅力」と「問題点」
がデコボコに並んで
いてなんだか読み
づらいな…

「メリット」と「デメリット」
「魅力」と「問題点」といった二項対立
なら整理しやすいですが、意味が３つも
４つもある時は、より注意が必要です。
段落を分けるなど工夫しましょう

Chapter

TSUTAWARU
BUNSHOJUTSU
mirudake note

4

まずは結論から！

必ず伝わる
文章術の常識・マナー

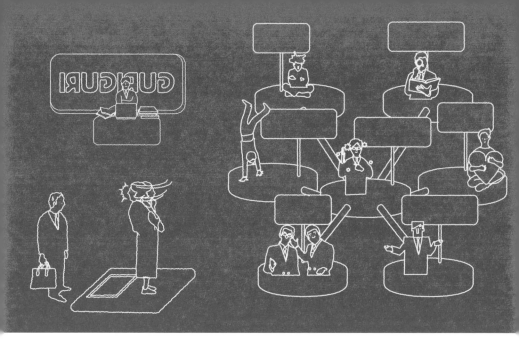

「伝わる文章」の型を
会得してしまえば、
書くスピードも速くなります

「伝わる文章」を書くためには、文面や「型」を整えることと無駄を省くことが重要です。また、敬語の乱れが読む人に違和感とストレスを与えることも。本章では型を意識しつつ、「伝わる文章」の極意を学びましょう。

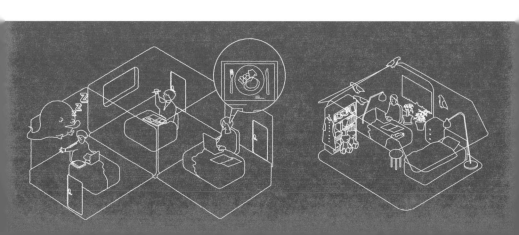

01 「結論」を最初に書く

「伝わる文章」にするには、まず冒頭で結論を示すこと。もったいぶった表現では相手に伝わるものも伝わりません。

冒頭で結論を書くと、文章が伝わりやすくなります。例えば報告書をはじめとするビジネス文章の場合、序盤で結論を示さないと、読み手にいらぬ時間と頭を使わせてしまいます。話し言葉も然り。結婚披露宴のスピーチであれば、「夫婦にとって一番大事なのは互いを思いやる心です」と真っ先に結論を示すことで、聞き手は興味を引かれて「続きを聞きたい」と思うはず。文章でも話でも、"要領を得ない話"にならないよう、冒頭で結論を示しましょう。

結論を先延ばしにしない

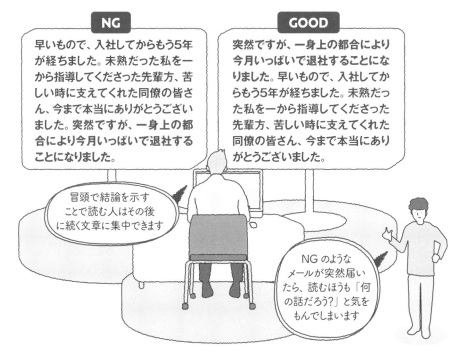

NG

早いもので、入社してからもう5年が経ちました。未熟だった私を一から指導してくださった先輩方、苦しい時に支えてくれた同僚の皆さん、今まで本当にありがとうございました。突然ですが、一身上の都合により今月いっぱいで退社することになりました。

GOOD

突然ですが、一身上の都合により今月いっぱいで退社することになりました。早いもので、入社してからもう5年が経ちました。未熟だった私を一から指導してくださった先輩方、苦しい時に支えてくれた同僚の皆さん、今まで本当にありがとうございました。

冒頭で結論を示すことで読む人はその後に続く文章に集中できます

NGのようなメールが突然届いたら、読むほうも「何の話だろう?」と気をもんでしまいます

「結論」とは異なりますが、書き出しでいきなり核心に迫ることで、読み手を引き付けるというテクニックもあります。例えば、ノーベル賞作家・川端康成の代表作『雪国』の「国境の長いトンネルを抜けると雪国であった」という有名な書き出しです。列車が上越トンネルを抜けて新潟側へ出た途端に一変する風景から話を始めることで、鮮やかに読み手を小説の舞台へと引きずり込んでいます。

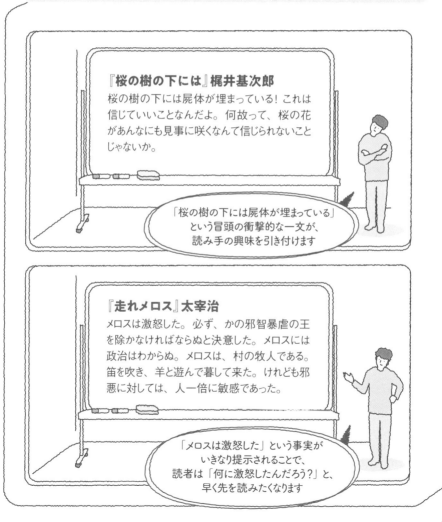

出だしで読み手を引き付ける

『桜の樹の下には』梶井基次郎

桜の樹の下には屍体が埋まっている! これは信じていいことなんだよ。何故って、桜の花があんなにも見事に咲くなんて信じられないことじゃないか。

「桜の樹の下には屍体が埋まっている」という冒頭の衝撃的な一文が、読み手の興味を引き付けます

『走れメロス』太宰治

メロスは激怒した。必ず、かの邪智暴虐の王を除かなければならぬと決意した。メロスには政治はわからぬ。メロスは、村の牧人である。笛を吹き、羊と遊んで暮して来た。けれども邪悪に対しては、人一倍に敏感であった。

「メロスは激怒した」という事実がいきなり提示されることで、読者は「何に激怒したんだろう?」と、早く先を読みたくなります

「主観」と「客観」を意識する

良い文章を書くためには、情報（材料）集めが大切です。取材に費やした手間は、文章の質に直結します。

文章を書くうえで大切なプロセスの一つが、書くための情報（材料）を集めることです。情報は、大きく分けて2種類あります。「**主観的な情報**」と「**客観的な情報**」です。前者は、書き手自身の体験や、書き手の中にある知識、考え、感覚、感情などです。対して後者は、本や雑誌やインターネットで調べたり、人から話を聞いたりすることで得られる情報です。

「主観的情報」と「客観的情報」を集める

客観的情報

本、雑誌、インターネットなどで調べる

研究・調査をする。現地（現場）で調べる

主観的情報

情報には、「主観的な情報」と「客観的な情報」の二つがあります

書き手自身の体験

（体験に基づく）印象や感想や意見

書き手自身の知識、考え、感覚、感情

人から話を聞く

主観的な情報のみで文章を構成すると、書き手自身の体験がつづられた文章になります。例えばグルメレポートだったら、そのおいしさが読み手にダイレクトに伝わるでしょう。それのみでも成立しますが、その後に「実は〜」と客観的な情報を加えると、情報の有益性が上がります。主観的な情報も、客観的な情報も、収集にはそれなりに時間と手間がかかります。しかし、この手間を怠ると、文章の質が高まっていきません。

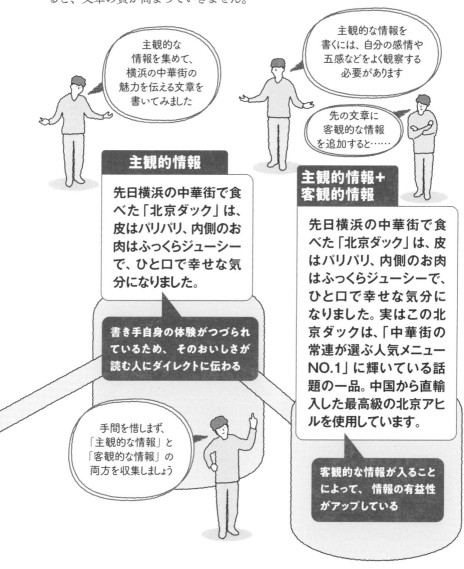

03 「同じ表現」の繰り返しは避ける

スマートな文章を書くには、同じ言葉の繰り返しを避けることが大切です。別の言葉に置き換えるようにしましょう。

近い間隔で同じ言葉が何度も使われていると、読む人に拙い印象を与えてしまいます。同じ言葉の連続使用はなるべく避け、**別の言葉に置き換える**など工夫を凝らしましょう。例えば、短いスパンで「ベテラン」と「若手」という言葉が2回ずつ出てくる場合、2回目の言葉を「両者」という言葉でまとめることによって言葉の重複を避けられます。

同じ言葉をまとめてすっきりさせる

NG

大会で勝利を収めるにはベテランと若手が力を合わせる必要があります。ベテランと若手が協力できなければ、試合に勝つことは難しいでしょう。

GOOD

大会で勝利を収めるにはベテランと若手が力を合わせる必要があります。両者が協力できなければ、試合に勝つことは難しいでしょう。

立て続けに同じ言葉が出てくると幼稚な印象になるね

2度目に登場する「ベテラン」と「若手」を「両者」という言葉に置き換えました

同じ言葉の連続使用は、読み手にくどい印象も与えます。例えば、音楽家という言葉を3回使わなければならない場合は、最初の音楽家以外は、アーティスト、ミュージシャンという言葉に置き換えると、文章がすっきりします。ただし、言葉を置き換える際は、前後の文脈から外れたり、話の流れを途切れさせたりしないよう注意しましょう。書いてみて違和感が生じた時は、無理に言い換えなくてもOKです。

違う表現を織り交ぜる

NG

多くの歌手にとって、紅白歌合戦に出演するのは最大の夢だろう。**紅白歌合戦の舞台**に出演できるのは、人気のある一握りの**歌手**のみ。**紅白歌合戦**に出演すべく、**歌手たち**は日々、音楽活動に勤しんでいる。

GOOD

多くの歌手にとって、紅白歌合戦に出演するのは最大の夢だろう。**夢の舞台**に出演できるのは、人気のある一握りの**トップランナー**のみ。**年に一度の音楽の祭典**に出演すべく、**彼ら**は日々、音楽活動に勤しんでいる。

元の文章は「歌手」と「紅白歌合戦」という言葉がそれぞれ3回も使われていて、くどい印象があるな

同じ言葉を繰り返さず、別の表現を織り交ぜることで文章が引き締まった気がします

自分が頻繁に書くテーマがあるようなら、普段から意識してボギャブラリーを増やしておきましょう

04 対等な関係に 揃えるべき語句

語句を並べる際は、言葉のレベルを揃えないと文章が拙くなります。第一に「品詞」、次に「表現の丁寧さ」を揃えましょう。

読みやすい文章にするためには、並べる語句同士の関係性を対等にしておく必要があります。そのアプローチの一つが**品詞を揃える**です。仮に、同じ文中に「守ることと、打撃と、走るの三拍子が〜」という具合に「名詞化した表現」と「名詞」と「動詞」の3つが並ぶと、読者が違和感を覚えてしまいます。一方で「守る、打つ、走る。この三拍子が〜」や「守備、打撃、走塁の三拍子が〜」のように品詞を揃えると、違和感はなくなります。

語句を対等な関係に揃える

改善例では、「予習」「復習」「睡眠」という具合に、すべて名詞で揃えました

NG

テストで良い成績をとるには、十分な予習と復習をしたり、睡眠を適度にとることが大事だ。

文中の「予習」は名詞、「（復習を）したり」は助動詞、「睡眠を適度にとること」は「こと」で名詞化したものです。文末の「〜大事だ」に合わせるなら、並べる語句をすべて名詞化する必要があります

GOOD

テストで良い成績をとるには、十分な予習と復習、適度な睡眠が大事だ。

助動詞「たり」についてはP124も参照

GOOD

テストで良い成績をとるには、十分に予習と復習をすること、適度に睡眠をとることが大事だ。

「すること」「とること」というふうに、それぞれを名詞化して揃えています

「対等な関係」に揃えるべき表現は、まだあります。例えば、動詞が3つ並んでいたとして、一つだけ表現が丁寧だったら違和感があります。また、対等なものを並べる助詞「で」を使って並べる語句は、同じ指向性を持つ言葉にする必要があります。さらに、「カマキリ」「カブトムシ」の後に「爬虫類」と続けるのはよくありません。生き物の具体的な名前と「爬虫類」という類名が混ざってしまっているからです。

そのほかの対等に揃える語句

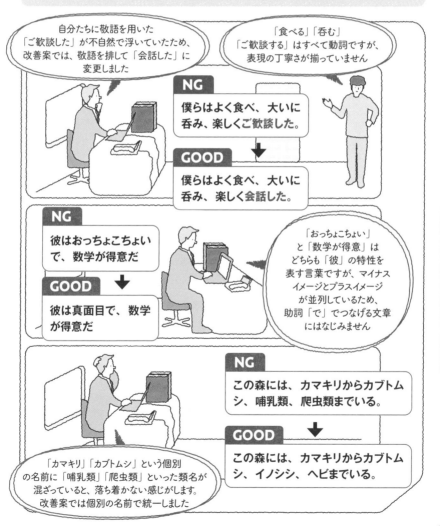

自分たちに敬語を用いた「ご歓談した」が不自然で浮いていたため、改善案では、敬語を排して「会話した」に変更しました

「食べる」「呑む」「ご歓談する」はすべて動詞ですが、表現の丁寧さが揃っていません

NG
僕らはよく食べ、大いに呑み、楽しくご歓談した。

GOOD
僕らはよく食べ、大いに呑み、楽しく会話した。

NG
彼はおっちょこちょいで、数学が得意だ

GOOD
彼は真面目で、数学が得意だ

「おっちょこちょい」と「数学が得意」はどちらも「彼」の特性を表す言葉ですが、マイナスイメージとプラスイメージが並列しているため、助詞「で」でつなげる文章にはなじみません

NG
この森には、カマキリからカブトムシ、哺乳類、爬虫類までいる。

GOOD
この森には、カマキリからカブトムシ、イノシシ、ヘビまでいる。

「カマキリ」「カブトムシ」という個別の名前に「哺乳類」「爬虫類」といった類名が混ざっていると、落ち着かない感じがします。改善案では個別の名前で統一しました

05

伝わる文章の「型」①
結論を最初に書く

文章の型を使うと、読みやすい文章を速く書くことができます。「型」とは、文章の流れを示すパターンのことです。

フォーマット、フレーム、テンプレートなど呼び方はさまざまですが、文章のプロと呼ばれる人たちの大半は**型**を重視しています。頭の中に浮かんだことを浮かんだ順に書いてしまうと、多くの場合、頭に入ってきにくい悪文になってしまいます。一方、型を使って「最初にこれを書いたら、次にこれを書く」というガイドに従えば、文章の組み立てに悩むことも、途中で文章が脱線することもありません。読みやすく内容の濃い文章がサクサク書けるようになります。

用途に合った型を使う

型に当てはめる6つのメリット

❶ どの内容を、どの順番で
　書けばいいのか迷わない
❷ 書くスピードが上がる
❸ 文章の流れが良くなる
❹ 情報の過不足がなくなる
❺ 論理が破綻しにくくなる
❻ 結論がハッキリする

型の用途

①新聞記事、ビジネス文書、実用文
逆三角形型…「結論→説明」
②ビジネス文書、実用文
PREP法…「結論→理由→
　　　　　事例・具体例→結論」
③論文
三段型…「序論→本論→結論」

良い文章を書くうえで
一番簡単な方法は、
型を覚えて、
その型通りに書くことです

例えば、新聞の記事やビジネス文章などの実用文は、**逆三角形型**で書かれています。逆三角形型とは、「大事な内容」から先に書くスタイルのこと。実用文で一番大事なのは「論点と結論（主張）」です。冒頭で結論を明確にすることで、続きの文章も、迷いなくスピーディに書くことができます。結論以降の文章（細部）は、字数や論の展開に応じて、膨らませたり、縮めたりしましょう。

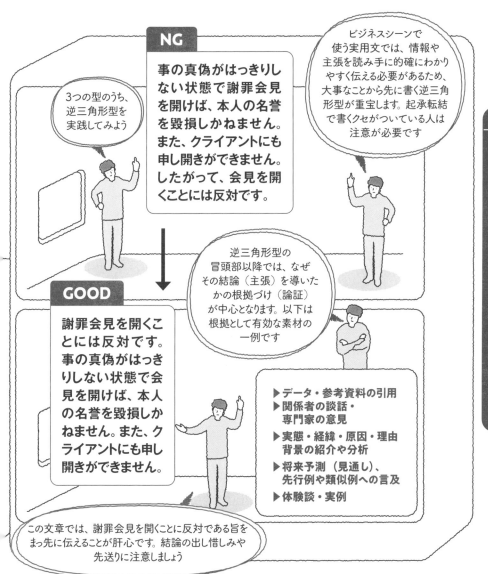

NG

事の真偽がはっきりしない状態で謝罪会見を開けば、本人の名誉を毀損しかねません。また、クライアントにも申し開きができません。したがって、会見を開くことには反対です。

3つの型のうち、逆三角形型を実践してみよう

ビジネスシーンで使う実用文では、情報や主張を読み手に的確にわかりやすく伝える必要があるため、大事なことから先に書く逆三角形型が重宝します。起承転結で書くクセがついている人は注意が必要です

逆三角形型の冒頭部以降では、なぜその結論（主張）を導いたかの根拠づけ（論証）が中心となります。以下は根拠として有効な素材の一例です

GOOD

謝罪会見を開くことには反対です。事の真偽がはっきりしない状態で会見を開けば、本人の名誉を毀損しかねません。また、クライアントにも申し開きができません。

▶データ・参考資料の引用
▶関係者の談話・専門家の意見
▶実態・経緯・原因・理由背景の紹介や分析
▶将来予測（見通し）、先行例や類似例への言及
▶体験談・実例

この文章では、謝罪会見を開くことに反対である旨をまっ先に伝えることが肝心です。結論の出し惜しみや先送りに注意しましょう

06 伝わる文章の「型」②
説得力を高めるPREP法

逆三角形型より論理的でかつ説得力のある文章が書ける型があります。覚えておけば、さまざまなシーンで役立ちます。

逆三角形型と同様に、結論を先に書く文章の型が**PREP法**です。PREPとは、「Point、Reason、Example、Point」の略で、逆三角形型の「説明」の部分に「理由」(根拠、裏付け)と事例・具体例(実際に何があったか)を盛り込み、最後にもう一度(結論)で締めます。PREP法は、結論を2回書き、根拠を明確にして主張の裏付けを行うため、逆三角形型よりも説得力の高い文章になります。ビジネス文書やプレゼンテーションのほか、ブログ記事を書く時にも使える型です。

より説得力のある文章の「型」

P(Point)=ポイント、結論
~の結論は~です

R(Reason)=理由
なぜならば、~だからです

E(Example)=事例・具体例
実際に(事実/例えば)、~といった事例がありました

P(Point)=ポイント、結論、まとめ
したがって、~の結論は~です

PREP法は、逆三角形型と同様結論を先に書きますが、説明が理由と具体例にまで及び、最後にもう一度、結論を書きます

2つの型の比較
逆三角形型……「結論→説明(根拠づけなど)」
PREP法……「結論→説明(理由→事例・具体例)→結論」

PREP法の4つの要素を順番に並べていくと、P（Point）で「〜の結論は〜です」と結論を書き、R（Reason）で「なぜならば、〜だからです」と理由を書き、E（Example）で「実際に（事実／例えば）、〜といった事例がありました」と具体例を書き、P（Point）で再び「したがって、〜の結論は〜です」と結論を書きます。このように、結論、理由、事例・具体例、結論の順番で書くと、読み手の理解や納得、共感を得られやすい文章になります。

これは PREP 法の型で書かれた例文です

勉強嫌いな子どもたちには読書をオススメします。なぜなら、読解力が伸びるからです。事実、私自身も、本を読むようになってから読解力が伸び、あらゆる科目の教科書の理解度が高まりました。読書は、勉強嫌いの子どもたちの救世主になり得ます。

P（Point）＝ポイント、結論
勉強嫌いな子どもたちには読書をオススメします。

R（Reason）＝理由
なぜなら、読解力が伸びるからです。

E（Example）＝事例・具体例
事実、私自身も、本を読むようになってから読解力が伸び、あらゆる科目の教科書の理解度が高まりました。

P（Point）＝ポイント、結論、まとめ
読書は、勉強嫌いの子どもたちの救世主になり得ます。

結論を最初に述べて、理由や事例・具体例を挙げたうえで、最後に改めて結論を述べているので説得力があります

07

伝わる文章の「型」③
論文の三段型

大学入試や就職試験の小論文、各種レポートなどでは結論ではなく、序論から書き始めます。

ビジネス文書や実用文と異なり、論文やレポートは「結論はあと」が原則です。一般的には、**序論、本論、結論**と流れる「**三段型**」を用います。この構成は研究論文の基本の型として発達したもので、書き手の考察を論理的に言語化できるため、一貫性のある内容に仕上がりやすくなります。筋の通った論を展開しなければいけない時の万能型として、いつでも使えるようにしておきましょう。

論文に適した「三段型」

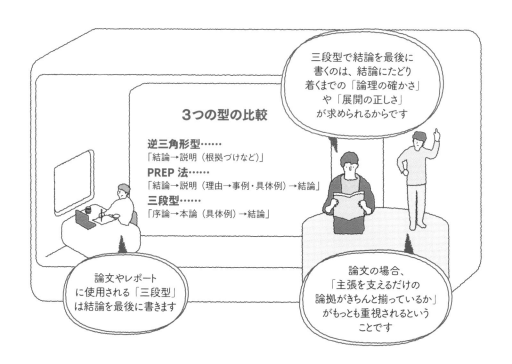

三段型で結論を最後に書くのは、結論にたどり着くまでの「論理の確かさ」や「展開の正しさ」が求められるからです

3つの型の比較

逆三角形型……
「結論→説明（根拠づけなど）」
PREP法……
「結論→説明（理由→事例・具体例）→結論」
三段型……
「序論→本論（具体例）→結論」

論文やレポートに使用される「三段型」は結論を最後に書きます

論文の場合、「主張を支えるだけの論拠がきちんと揃っているか」がもっとも重視されるということです

三段型は、まず序論でテーマに即して絞り込んだ重要な論点を一つ示します。その際、「その論点に絞った理由」を説明するとともに、「どんな観点から論ずるか」という方向性も示すと良いでしょう。次の本論では、序論で示した論点に対し、具体例やデータ、証言、資料などの根拠と多角的な考察を織り交ぜながら、一つの主張へと導きます。そして最後に、「序論で提示した疑問（論点）に対する解答＝本論の論証で導き出された主張」をまとめて、結論として示します。

三段型の構成要素

序論

家から出なくてもお店の美味しい食事が楽しめる。それが出前の長所である。中華料理をはじめ、ハンバーガーやフレンチなど、最近では、出前に対応するお店が増えてきた。では、出前の普及は、私たちの食生活を本当に豊かにしてくれているといえるのだろうか。私はそうは思わない。

疑問文を立てると論点が示しやすくなります

本論

確かに、出前は、忙しい時や外に出たくない時は便利である。しかし、手間がかからず簡単に食べられることで、何かを失っている感覚がある。例えば、お店で食べる料理は、自宅で食べる時とは違う味わいや楽しさがある。料理はどこで食べるかも重要なのだ。一方、自宅で食べる出前は、普段の食事と代わり映えなく、何だか味気なく感じてしまう。

本論では、序論で絞り込んだ論点を多角的に考察し、主張を導き出します

脇筋にそれず、本筋を徹底して分析・考察することが求められます

結論

出前を利用すると、自宅にいながらいろいろなお店の料理を食べることができる。それは便利である半面、お店で食べるという特別な体験を私たちから奪いかねない。つまり、私たちの食事スタイルを単一で味気のないものに変えてしまうリスクをはらんでいるのである。

結論では、本論の論証で導き出した主張をまとめ直します

結論では、本論で導いた主張の単なる繰り返しではなく、一層深めた意味づけをしたり、問題解決のための提案をしたりすることもできます

08

文章術の常識・マナー「敬語」①
二重敬語と敬意の対象

自分では間違っていないつもりでも、気づかずに二重敬語を
使っている人は多いです。

敬語を使う際、多くの人がつまずきがちなのが**二重敬語**です。例えば「先生様
がお見えになられました」という言葉は、一見丁寧なようですが、二重敬語が
二つ含まれています。職業名や職名（役職）は敬称扱いにするのが原則のため、
「先生様」とは言いません。また、敬語表現の正しい形は「お〜になる」なので、「先
生がお見えになりました」が正解です。基本的な敬語を間違えると、素養を疑
われかねないので注意しましょう。

敬語を使いこなそう

NG

社長様がお見えにな
られました。

職名は原則、
敬称扱いなので「社長」
に「様」をつけるのは
二重敬語

「お見えになる」は
「来る」の尊敬語です。
そこにさらに尊敬語
「お〜になられる」を組み
合わせるのは間違いです。
「ました」は尊敬とは別の
丁寧表現なので二重
敬語ではありません

GOOD

社長がお見えになりました。

「お〜になる」のパターン
では「お買い求めになられる」
「ご利用になられる」といった
二重敬語をよく見かけます

敬語における「敬意の対象」は、①話題に挙がっている対象の人物、②話題の人物に関する事物、③話題の人物の行為・状態の三つです。①の場合は対象の人物に「様」をつけます。②の場合は「尊顔」「尊父」などの尊敬名詞か、それらに「ご」をつけます。また、一般名詞には「お」「ご」をつけます。③の場合は形容詞・形容動詞に「お美しい」「ご立派」のように「お」「ご」をつけます。そのほか、動詞の言い換えは3つのタイプに分かれます（以下の③を参照）。

「敬意」を向ける対象

敬語は敬意を向ける対象があり、対象に敬意を表すために言い換えを行います

個人名に「様」をつけます。会社名、グループ名などに「様」をつけるのは誤りですが、一般的に許容されています

❶話題に挙がっている対象の人

「〜様」…様をつける

話題の人に関係するものにも敬意を表します

❸話題の人の行為・状態

〜様が「喜ばれる」「いらっしゃる」「ご挨拶なさる」「お美しい」「ご立派」など…形容詞・形容動詞には「お」「ご」をつける。

動詞は以下の3つのタイプに分かれる

▶助動詞「れる・られる」をつけるタイプ…立つ→立たれる
▶尊敬動詞を使うタイプ…
言う→おっしゃる
行く・来る→いらっしゃる
食べる・飲む→召し上がる
する→なさる・される
▶「ご・お〜なさる・される」と「ご・お〜になる」を用いるタイプ…見る→ご覧になる

一つの動詞でこの3つのタイプを作れるものもあります

❷話題の人に関する事物

〜様の「（ご）尊父」「（ご）令嬢」「（ご）令息」「（ご）尊顔」「（ご）高説」「（ご）署名」「ご衣装」「お口」など…「尊顔」「尊父」などの尊敬名詞 or それらに「ご」をつける、一般名詞には「お」「ご」をつける。

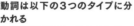

▶助動詞をつけるタイプ
…食べる→食べられる
▶尊敬動詞タイプ
…食べる→召し上がる
▶「お〜になる」タイプ
…食べる→お食べになる

文章術の常識・マナー「敬語」②
謙譲語

尊敬表現の中で意外と難度が高いのが、謙譲語です。こちらも
文章術の常識・マナーとして覚えておきましょう。

相手を上げるのが**尊敬語**、自分（話し手・書き手）を下げるのが**謙譲語**で、どちらも相手を立てる表現です。謙譲語の「謙」はへりくだるという意味で、「譲」は「相手にゆずる」「自分の主張を控える」といった意味。相手との関係が対等であるならば尊敬語も謙譲語も不要ですが、これら尊敬表現のポイントは、相手を上げる、または自分を下げることで、対等の関係を崩すことにあります。

尊敬語と謙譲語の違い

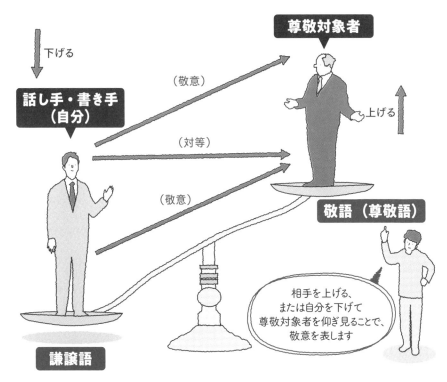

ビジネス文章などで、目上の人に対して敬語を使う場合、誰が主語なのかを意識する必要があります。相手が主語の場合は尊敬語、自分や身内が主語の場合は謙譲語を使います。特にビジネスシーンで多用するのが、「弊社」「粗品」といった謙譲名詞と、「いただく」「拝見する」といった謙譲動詞です。

謙譲語を使いこなそう

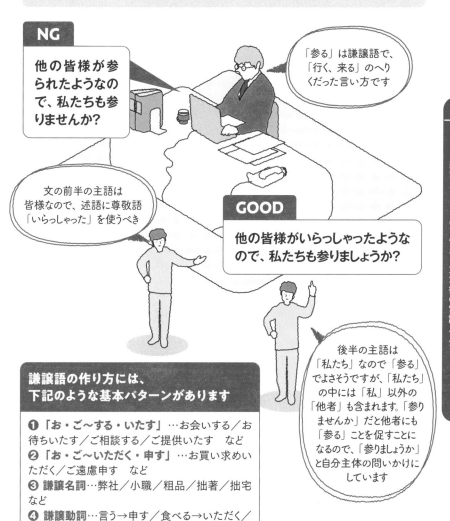

NG

他の皆様が参られたようなので、私たちも参りませんか?

「参る」は謙譲語で、「行く、来る」のへりくだった言い方です

文の前半の主語は皆様なので、述語に尊敬語「いらっしゃった」を使うべき

GOOD

他の皆様がいらっしゃったようなので、私たちも参りましょうか?

後半の主語は「私たち」なので「参る」でよさそうですが、「私たち」の中には「私」以外の「他者」も含まれます。「参りませんか」だと他者にも「参る」ことを促すことになるので、「参りましょうか」と自分主体の問いかけにしています

謙譲語の作り方には、下記のような基本パターンがあります

❶ **「お・ご～する・いたす」**…お会いする／お待ちいたす／ご相談する／ご提供いたす　など
❷ **「お・ご～いただく・申す」**…お買い求めいただく／ご遠慮申す　など
❸ **謙譲名詞**…弊社／小職／粗品／拙著／拙宅など
❹ **謙譲動詞**…言う→申す／食べる→いただく／行く・来る→うかがう・参る／知る→存じる／見る→拝見する　など

Chapter 5

TSUTAWARU
BUNSHOJUTSU
mirudake note

改行や余白も活用！

文章を読みやすく
するテクニック

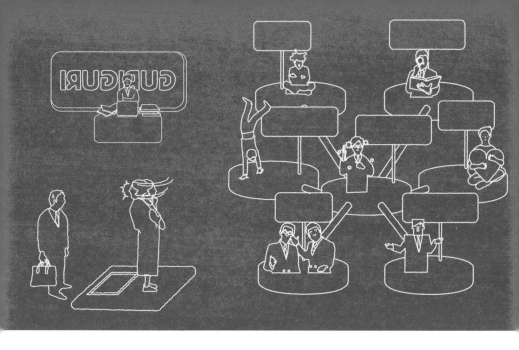

文章は"見栄え"も重要。
ぱっと見で「読みやすそう」と
思ってもらうことも大切です

「主語」と「述語」の配置や、「ひらがな」と「漢字」の
バランスを意識すると、文章は格段に読みやすくなります。
さらに改行や余白を工夫すれば、読みやすくなるだけでなく、
誰に対しても「伝わる文章」になります。

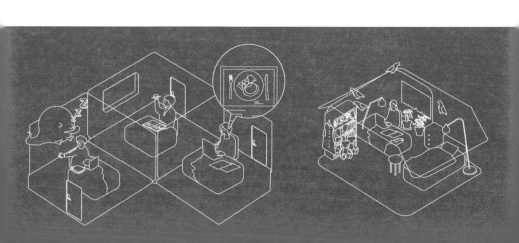

01 主語と述語を意識する①
主語と述語を正しく対応させる

「主語と述語」は、文章の基本です。主語と述語が対応していない文章は、読み手に正しく伝わりません。

主語とは「何が（誰が）どうする」「何が（誰が）どんなだ」「何が（誰が）なんだ」の、"何が（誰が）"に当たる部分のことです。一方"どうする""どんなだ""なんだ"に当たる部分が**述語**です。主語と述語のセットは文章の基本形です。主語と述語を示す必要がある場面で、両者が対応していなかったり、どちらか一方が欠けていたりすると、わかりにくい文章になってしまいます。

主語と述語の組み合わせの基本

主語	述語
何が（誰が）▶	どうする
私が	打つ。

主語	述語
何が（誰が）▶	なんだ
吉田さんは	社長だ。

主語	述語
何が（誰が）▶	どんなだ
あなたが	怒っている。

述語は「どうする・どんなだ・なんだ」に当たる、主語の状態や様子などを説明する言葉。ふつうは文の終わりにきます

主語は「何が（誰が）」に当たる説明のもとになる言葉。省略されるケースもあります

「それはできない、私には」といった形で、述語を最初に置く場合もあります。これを「倒置法」と言います

主語を書いたら、必ず対応する述語があるかを確認する必要があります。「そんなことは当たり前でしょ？」と思うかもしれませんが、主語と述語が対応していない文章は、意外とよく見かけます。特に一つの文章に複数の内容を詰め込もうとすると、主語と述語がうまく対応しなくなることがあります。これを避けるためにも、一文の中に内容を詰め込みすぎないようにしましょう。

主語と述語を対応させる

NG

新興企業のZ社は、生産用機械メーカーとしてはもとより、バイオ燃料の国内生産を手がける企業としても注目している。

実際に注目されているのは振興企業のZ社なので、「Z社が〜注目する」という組み合わせは不自然です。

この文章であれば「新興企業のZ社は」という主語と「注目を集めている」という述語が正しく対応しています

GOOD

新興企業のＺ社は、生産用機械メーカーとしてはもとより、バイオ燃料の国内生産を手がける企業としても注目を集めている。

例文「NG」の「注目している」を残すなら、「"何が"（＝主語）」注目しているのか、対応する主語を加えましょう

GOOD

新興企業のＺ社は、生産用機械メーカーとしてはもとより、バイオ燃料の国内生産を手がける企業としても躍進中。今や世界中の企業が、Ｚ社の動向に注目している。

02 主語と述語を意識する②
主語と述語は近づける

「伝わる文章」の基本の一つが、「主語と述語の距離をなるべく
近づける」ことです。

意識的にも無意識的にも、読み手は主語と述語を探しながら文章の内容を把握
していきます。多くの文章では、主語が先に登場し、その後に述語が登場します。
ところが、主語のあとに、なかなか述語が出てこないと、内容を把握しにくく
なります。一方、両者の距離が近いほど内容の把握が早まるため、読み手に伝
わりやすくなります。

主語と述語は近づける

98

「何が（主語）」「どうした（述語）」がわかりにくい文章は、読む人にとってストレスにほかなりません。主語のあと、なかなか述語が登場しないと、言葉の関係性がはっきりしないため、「こういう意味かな？」と頭を使いながら読まなければなりません。一文一義（▶ p16）を心がけて短い一文を作ることも、主語と述語の関係性をはっきりさせる一つの方法です。

一つの文に情報を詰め込みすぎない

NG

当社は、社内におけるセクハラ、パワハラなどの訴えがなくならず、また、コンプライアンスの一環としてのハラスメント対策がより求められるようになったため、昨年より対策セミナーや内部調査を実施している。

GOOD

当社は、昨年よりハラスメント対策のセミナーや内部調査を実施している。社内におけるセクハラ、パワハラなどの訴えがなくならず、また、コンプライアンスの一環としてのハラスメント対策が求められるようになったためだ。

二つの文に分け、主語と述語を近づけたことで、だいぶわかりやすい文章になりました

例文「NG」の主語は「当社」で、述語は「実施している」です。しかし、その間の「社内における〜求められるようになったため」が長すぎるため、わかりにくい文章になっています

03 修飾語と被修飾語を意識する①
修飾語と被修飾語は近づける

主語と述語と同様、修飾語と被修飾語も、なるべく近づけることが「伝わる文章」を書くコツです。

「**修飾語**」とは、文字通り「文を飾る語」、つまり主語や述語など他の部分の内容を、さらに詳しく説明する文節のことです。そして、これによって説明される文節が「**被修飾語**」です。①副詞は主に動詞を修飾し、②形容詞（形容動詞）は名詞を修飾します。この「副詞と動詞」「形容詞（形容動詞）と名詞」が離れてしまうほど、文章がわかりにくくなります。

修飾語 と 被修飾語

NG
とても僕はあの先輩のことを考えると切なくなる。

GOOD
僕はあの先輩のことを考えるととても切なくなる。

形容詞の場合、置く位置によって意味が変わってしまうので、さらに注意が必要です

副詞「とても」がかかる形容詞＋動詞「切なくなる」が離れているのでわかりにくいね

かわいそうな 男の体験

この場合、「かわいそう」なのは「男」だね

男のかわいそうな 体験

こっちの場合、「かわいそう」がかかるのは「体験」のほうだ

切ないのは文節でなく、かわいそうな男では?

文節ってなんだか切ない

One point

「文節」とは、文を言語として通じる最小の範囲で分けた一区切りのこと。以下のように「ネ」「ヨ」「サ」などを入れて発音した時、言語として不自然にならない最小単位、と覚えましょう。

俺は昨日、一人で泣いた。
▼「サ」で区切ると…
俺は（サ）／昨日（サ）／一人で（サ）／泣いた（サ）

左ページで解説した通り、修飾語と被修飾語を近づけたほうが、文章がわかりやすくなります。理想は、被修飾語の直前に修飾語を置いた状態です。文章を書いたあとは、必ず読み返し、一つずつ言葉の関係性をチェックしていく必要があります。読む人が迷わないように、修飾語と被修飾語の配置のルールを覚えておきましょう。

修飾語と被修飾語を近づける

04 修飾語と被修飾語を意識する②
修飾語を置く順番

修飾語の順番を整理するだけで、読み手に伝わりやすい文章になります。

わかりやすい文章を書くためのルールの一つに、「**長い修飾語**」は先、「**短い修飾語**」は後、というものがあります。例えば「面白い借りたばかりのマンガ」という文は、「なんだか読みにくい」と感じるはずです。短い修飾語「面白い」が、長い修飾語「借りたばかりの」より先にあるためです。この順番を変えて「借りたばかりの面白いマンガ」とするだけで、だいぶ読みやすくなります。

長い修飾語は先、短い修飾語は後

NG
新しい日当たり良好の部屋。

→

GOOD
日当たり良好の新しい部屋。

「新しい」と「日当たり良好の」は、どちらも「部屋」を修飾しています。この文章を、「長い修飾語」は先、「短い修飾語」は後、の原則に当てはめると、読みやすくなります

「短い修飾語」が先にあったから読みにくく感じたのか

例外

NG 壊れた妻のハート

GOOD 妻の壊れたハート

例文「NG」は原則通り、修飾語を「長い（壊れた）→短い（妻の）」の順に配置しています。しかしこれだと「妻が壊れた」と読めてしまいます（実際に壊れたのはハート）。誤解されるリスクがある時や違和感がある時は、臨機応変に修飾語の順番を入れ替えましょう。

修飾語を置く順番のルールには、「節」は先、「句」は後、というものもあります。節とは「1個以上の述語を含む複文」、句とは「述語を含まない文節（▶ p100）＝文の最小単位」のことです。さらに、「大きな状況」は先、「小さな状況」は後、というものもあります。

「節」は先、「句」は後

NG

シャイな都会で育った男性がタイプです。

いや〜ビル見知りしちゃうな

節（＝都会で育った）よりも先に句（＝シャイな）を置いたせいで「シャイな」が「都会」を修飾しているように見えます

シャイな都会？

GOOD

都会で育ったシャイな男性がタイプです。

「大きな状況」は先、「小さな状況」は後

NG

入社間もない新任の課長から、今年の春に新規顧客開拓チームのチーフに私は任命された。

➡

GOOD

今年の春に【大状況】、入社間もない新任の課長から【中の大状況】、私は【中の小状況】、新規顧客開拓チームのチーフに【小状況】任命された。

話の核心である「任命された」に向かって、そのもっとも外側（大きな状況）から順番に書いていくイメージです

05 カタカナの乱用は避ける

ビジネスシーンではカタカナを使う風潮がありますが、乱用は
控えたほうがよいでしょう。

現在、ビジネスシーンでは和製英語を含めた「**カタカナ語**」が氾濫しています。
外資系の会社やIT系など海外の専門知識を取り入れる必要のある仕事ならわ
かりますが、日本語で十分業務が遂行できる職場でも、カタカナ語が横行して
いる印象です。カタカナ語を使うと「仕事ができる」雰囲気が出せると勘違い
しているのかもしれませんが、言葉が通じず、相手に首をひねられてしまって
は本末転倒です。

そのカタカナ語、日本語でよくない？

NG
我が社は社員ファーストです。ワイズス
ペンディングによってサスティナブルな
会社を目指し、さらにダイバーシティを実
現することが我が社のアジェンダです。

GOOD
社員があっての我が社で
す。賢い投資や支出によっ
て持続可能な会社を目指
し、差別などあらゆる壁を
撤廃した多様性の実現に
も取り組んでいきます。

さすが、
我がカンパニー
のプレジデントは
アブロードのカレッジ
をトップでグラデュエート
しただけある。ものすごい
インテリジェンスだ

カタカナ語の一番の弊害は、「**みんなに伝わらない**」ということです。社内で通用しているからといって、社外でも通じるとは限りません。社外の人にカタカナ語を多用すれば「面倒くさいヤツ」と思われてしまうおそれもあります。なお、カタカナ語の中には、海外の人に通じない、いわゆる「和製英語」もあるので注意しましょう。

よく使われるカタカナ語

アサイン	▶	任命する／割り当てる
アジェンダ	▶	計画／予定表
アテンド	▶	案内／接待
イシュー	▶	論点／課題
イニシアチブ	▶	主導権／率先すること
エビデンス	▶	証拠／根拠
オルタナティブ	▶	代案／代替物
オポチュニティ	▶	機会（チャンス）
コアコンピタンス	▶	企業の中核となる強み
コミット	▶	約束／決意表明
コンセンサス	▶	合意／一致
コンプライアンス	▶	法令遵守／企業倫理の遵守
コンペティター	▶	競合相手
シナジー	▶	相乗効果
ダイバーシティ	▶	多様な人材の活用
デファクトスタンダード	▶	事実上の標準
ニッチ	▶	隙間市場
プライオリティ	▶	優先順位／優先権
ベネフィット	▶	利益／恩恵
ボトルネック	▶	障害（うまくいかない原因）
マネタイズ	▶	収益化
リソース	▶	人材、物資、資金などの経営資源
ローンチ	▶	Web サイトの公開／新製品（サービス）等の公表・発売など

不必要なカタカナ語の乱用は避けるべきですが、知らないと恥をかく場合も。念のため、ビジネスシーンで頻出するカタカナ語の意味は把握しておきましょう

右のカタカナ語は和製英語なので、英語圏の人には理解できません。
Do you understand？

アポイント／インフレ／オーダーメイド／オフレコ／ガソリンスタンド／キャッチフレーズ／タッチパネル／ノートパソコン／ブラインドタッチ／ベースアップ／フルコミット／ミス（失敗の意）／リサイクルショップ／ワイシャツ　etc.

ステレオタイプな表現は避ける

文章でよく使用される決まり文句などは、時代によって書き手と読み手のイメージにズレを生じさせるおそれがあります。

文章を書く際、「決まり文句」や「**紋切り型の表現**（常套句）」は古くからよく使用されています。こうした表現は確かに便利で、読み手に伝わりやすいイメージがあります。しかし、使い古された表現は、平凡かつ抽象的で印象や記憶に残りにくいため、具体性が求められる時や書き手自身の感性を伝えたい時には適しません。手垢のついた表現に頼らずに、伝えたい中身を具体的に書くことをオススメします。

紋切り型の表現は嫌われる

文章作法の基本は、その場で体験したり、感じたり、考えたりしたことを、もっともふさわしい表現で書くことです。使い古された表現をすべて排除せよというわけではなく、一つひとつの言葉をしっかり吟味することが肝心です。また、実用的な文章を書く際は、「目と鼻の先」と書くよりも「徒歩1分」と具体的な書き方をすることで、読み手に明確なイメージを伝えられます。

決まり文句より、具体的な表現を

とてつもなく君を愛している

私もよ

さぁ召し上がれ!

ありきたりな映画だな

美味しそうなケーキ

食べたいわ!

NG

首を長くして待っていた原作の映画化だったが、言語道断の劣悪さで、がっかりと肩を落とした。

GOOD ↓

30年以上待ち望んでいた原作の映画化だったが、脚本から「深み」が取り除かれたうえ、ヒロインの演技も大根そのもの。上映後に思わず「チケット代を返せ」とつぶやいていた。

NG

シェフが腕によりをかけて作ったこだわりの逸品に、黒山の人だかりができた。

GOOD ↓

シェフが丸3年かけて開発したふわふわのチーズケーキに、男女問わずたくさんのスイーツ好きが行列を作った。

07 「ひらがな」と「漢字」はバランスを見て使う

「ひらがな」と「漢字」を上手に使い分けることによって、読む人に伝わりやすい文章を作ることができます。

「ひらがなばかり」の文章は子どもっぽいイメージを、「漢字ばかり」の文章は堅苦しいイメージを、読み手に与えます。そのため、ひらがなと漢字は読み手の年齢層や目的に合わせて、使い分ける必要があります。一般的な文章の場合、ひらがなと漢字の理想の対比は**7：3**ぐらいでしょう。法律絡みの文書や契約書などは、その性質上、漢字の比率が高くなります。

小難しい漢字はひらがなに

NG

御連絡有難う御座います。
商品の交換が出来るか否かを判断するため、
即座に在庫の有無を確認致します。

GOOD

ご連絡ありがとうございます。
商品の交換ができるかどうか判断するため、
すぐに在庫を確認いたします。

ひらがなと漢字、どちらを用いるかは誰にどういう目的で読ませるかによってケース・バイ・ケースです。いずれにせよ、「書き手の好み」ではなく、「読む人が読みやすいか」を基準にして使い分けましょう

返信があったけど堅苦しいのよね…

「御連絡→ご連絡」「有難う御座います→ありがとうございます」といった具合に、漢字を減らすだけでだいぶやわらかい印象になるね

納品されたばかりのコンピューターが壊れている。販売元に問い合わせて!

文章の字数を減らしたい時、漢語は非常に便利です。しかし、あまりにも漢語が多いと、堅苦しい文面になってしまいます。そんな時は、漢語をひらがな中心の和語に置き換えると、印象がやわらかくなります。役所の文書やビジネスシーンなどで、権威づけのためにあえて漢語を多く使用する場合もありますが、実用文では和語をうまく使ったほうが、読みやすい文章になります。

ひらがなと漢字の使い分けの一般的ルール

さまざまな「カッコ」をうまく活用する

文章の中での強調や、人物の言葉を引用する際には、カッコをうまく使いこなしましょう。

伝えたいポイントを強調したり、単語の意味を補足したりしたい時には、カッコを使用することで、読み手の目に留まりやすくなります。代表的な例としては、歌や演劇、本や論文などのタイトル全般にカギカッコが使用されるケースが多いです。カッコの種類は、一般的な（丸カッコ）や「鍵カッコ」『二重鍵カッコ』のほかにも、【隅つきカッコ】〈山カッコ〉《二重山カッコ》［角カッコ］〔亀甲カッコ〕など豊富にあるので、区別したい言葉や状況に応じて使い分けましょう。

カッコの使用例

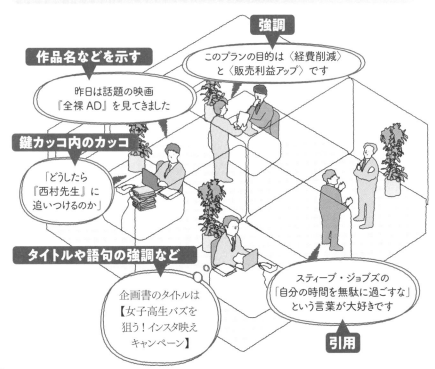

強調
このプランの目的は〈経費削減〉と〈販売利益アップ〉です

作品名などを示す
昨日は話題の映画『全裸AD』を見てきました

鍵カッコ内のカッコ
「どうしたら『西村先生』に追いつけるのか」

タイトルや語句の強調など
企画書のタイトルは【女子高生バズを狙う！インスタ映えキャンペーン】

スティーブ・ジョブズの「自分の時間を無駄に過ごすな」という言葉が大好きです
引用

カッコ同様に、中黒（・）を使うと文が整理され、読みやすくなります。例えば「演歌歌手歌賀好夫」と書くと、一瞬どこまでが肩書で、どこからが名前なのかわかりません。肩書と名前の間に中黒を打つことで、「演歌歌手・歌賀好夫」と一目瞭然になります。もちろん、「佐々木課長」「原監督」など、誤読の心配がない場合は中黒を付ける必要はありません。

中黒の使い方

❶肩書と名前の間に打つ
NG 一級建築士屋根昇
GOOD 一級建築士・屋根昇

❷複数の単語を結びまとまった概念を示す
食品・雑貨売り場でセールを行います。

醤油・味噌・納豆などの発酵食品。

私、こういうものです

読点（、）を使うと文が途切れてしまうため、「まとまった概念」として示したい場合は中黒が有効です

屋根さんが演歌歌手、歌賀さんを訪問する。

【肩書が漢字】代表取締役ジェームス・ブラウン
【肩書がカタカナ】マネージャー、アル・シャープトン
【肩書がカタカナ】プロデューサーのメイシオ・パーカー

上の書き方だと、屋根さんが演歌歌手？と勘違いされるおそれがあります。「屋根さんが演歌歌手・歌賀さんを〜」と中黒を打てば、演歌歌手は歌賀さんであることが一目でわかります

外国人の名前をカタカナで書くときは、肩書が漢字の場合は中黒なしで、肩書がカタカナの場合は読点、または「の」を用いることが多いです

09 「意味のない言葉」は使わない

「効果的な言葉のようで実は意味がない」——無意識のうちに、そんな曖昧な表現を使っていませんか?

たいていの場合、文章で使ってしまった**「意味のない言葉」**は、削除するだけでわかりやすい文章になります。例えば「あなたのことが、ふつうに嫌いです」という文章の場合、「ふつうに」とはどういう意味でしょう。何を基準にしているのかもわかりません。「あなたのことが嫌いです」のほうがスッキリとした文章になります。

スッキリとした文章を選ぼう

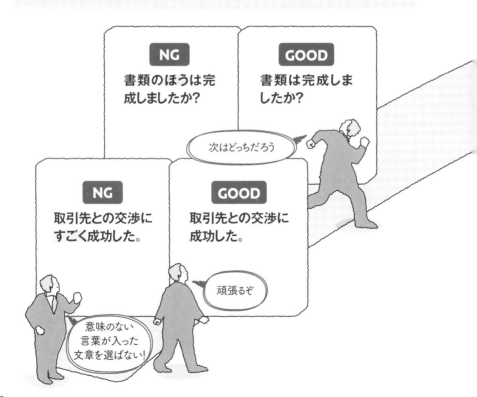

NG
書類のほうは完成しましたか?

GOOD
書類は完成しましたか?

次はどっちだろう

NG
取引先との交渉にすごく成功した。

GOOD
取引先との交渉に成功した。

頑張るぞ

意味のない言葉が入った文章を選ばない!

ほかにも、「逆に〜」や「私的に〜」といった曖昧な言葉を、口癖のように使う人もいます。これら具体性に欠ける言葉を用いる背景には、責任を回避する狙いや、周囲との関係に摩擦を生じさせたくないという狙いがあると思われます。しかし、読み手にしてみれば、はぐらかされたような気持ちになる場合もあるので、なるべく使用しないほうがよいでしょう。

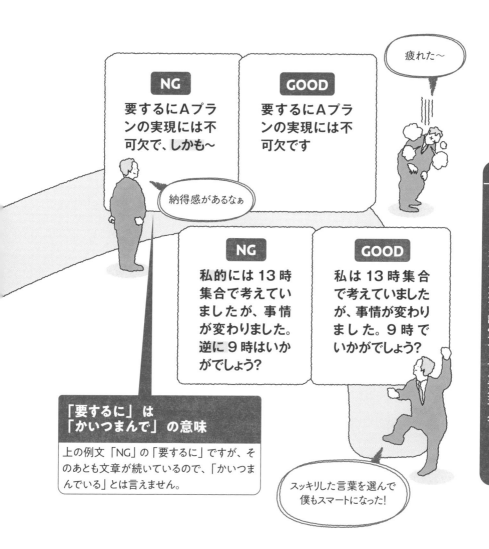

10 改行を入れる目安

文章を読みやすくするためには、改行や空白行をうまく使いこなしましょう。

改行が少ないと、「内容の切れ目がわからず、理解しにくい」「文字が詰まっていて、読むのに苦労しそう」といった印象を読み手に与えてしまいます。改行のタイミングは、一般的に「長い文章を内容で分けた区切り」が理想です。つまり、内容が変わるところで改行し、段落を作るのです。ビジネス文章やメールでは、改行だけでなく、空白行を作ることも大事です。

改行の目安は「5〜6行」で1回

NG

社員各位、お疲れさまです。総務部の田中です。この度、社内のネット環境改善のため新機種を導入することになり、工事を行います。下記の日程で随時行いますので、各部署のご協力をお願いします。1、2階は5月3日10時〜。3、4階は5月3日16時〜。5、6階は5月4日10時〜を予定しています。以上、よろしくお願いいたします。

改行されて読みやすい

総務部からのメール改行して転送しよう

GOOD

社員各位

　お疲れさまです。総務部の田中です。この度、社内のネット環境改善のため新機種を導入することになり、工事を行います。

　下記の日程で随時行いますので、各部署のご協力をお願いします。

・1、2階は5月3日10時〜
・3、4階は5月3日16時〜
・5、6階は5月4日10時〜

以上を予定しています。
よろしくお願いいたします。

内容が変わらなくても改行を入れる

One point

文章の種類（内容）にもよりますが、情報量が多い場合は、内容の変化にかかわらず改行や空白行を入れることをオススメします。改行の目安は5〜6行で1回です。

ブログやＳＮＳなどの文章では、読みやすさを重視して、改行や空白行をさらに多く作ります。特に、ブログでは、概ね２～３行が一つの文章のまとまりとなっていて、その間に写真や空白行を入れているものを多く見かけます。なお、ブログやSNSなどで文章を書く場合は、情報を盛り込みすぎると読む人の印象に残りにくくなります。「1記事＝1メッセージ」を意識しましょう。

ブログ、SNSはこまめに改行

NG

昨日の夜は、友人３人と待ち合わせて、久しぶりに飲み会をしました。学生時代に過ごした練馬の町並はだいぶ変わっていましたが、みんなでよく通っていた居酒屋「○○○」は健在で、店長も僕らのことを覚えていてくれました。そういえば、今朝、ジョギングしていたら、道ばたにツクシを発見。まだまだ寒いと思っていたけど、「春なんだな」と思うと同時に、まじまじとツクシを見るなんて小学生の時以来だったので、なんだか懐かしい気持ちになってしまいました。

ブログや SNS では改行を多めに入れましょう。また、一つの記事にいろいろと内容を詰め込むよりも、一つの情報を丁寧に書いたほうが、読む人に響きやすくなります！

GOOD

昨日の夜は、友人３人と共に久しぶりに飲み会をしました。
学生時代に過ごした練馬はだいぶ変わっていて、練馬駅がいつの間にか高架駅になっていたのには、特にびっくり！

街並が変わった今でも、当時みんなでよく通っていた居酒屋「○○○」は健在で、店長も僕らのことを覚えていてくれました。
このお店の名物といえば、店長自慢のもつ焼きです。
相変わらず味付けも焼き加減も絶妙で、何よりも素材がいい！

店長曰く～（以下省略）

GOOD

今朝、ジョギングしていたら、道ばたにツクシを見つけました。
まだまだ寒いと思っていたけど、「春なんだな」と実感！
まじまじとツクシを見るなんて小学生の時以来だったので、懐かしい気持ちになってしまいました。

子どものときに「ツクシは食べられる」って聞いていたけど、そういえば食べたことがないな…と思って、そのまま持ち帰って調理してみました。
想像していた以上においしくて、材料費はタダ！
みなさんにもオススメです。

調理方法は～（以下省略）

11 余白を活用しよう

読みやすく、理解しやすい形の文章を作成する際には、「視覚的な効果」を考えることが必要です。

前ページで解説したブログや SNS、そしてネット記事などにおいては、<u>段落と段落の間に**余白を作る**</u>のがセオリーとなっています。これは紙にもいえることで、1 枚のメモ用紙に隙間なく文字が敷きつめられていると、内容がなかなか頭に入ってこず、最後まで読み通す気力を失ってしまう人も。文章を目にした時の「視覚的な心地良さ」を与えるためにも、適度な余白を意識しましょう。

余白のない文章は読みにくい

NG

LGBT とは、Lesbian（レズビアン、女性同性愛者）、Gay（ゲイ、男性同性愛者）、Bisexual（バイセクシャル、両性愛者）、Transgender（トランスジェンダー、性同一性障害を含む性別越境者）の頭文字をとり、性別少数者（セクシャル・マイノリティー）の人々を指す言葉です。ちなみに、性的少数者には、ほかにも Asexual（アセクシュアル、無性愛者）、Questioning（クエスチョニング、性的指向を探している状態の人）と呼ばれる人たちもいます。広告会社の電通が 2015 年に行った調査によると、日本における LGBT に該当する人の割合は、人口の 7.6%と推計されています。日本では、1990 年代から LGBT への理解を深める活動が行われてきました。しかし、2021 年に国会議員が LGBT の人々に対して「種の保存にあらがう」と発言するなど、日本における性的少数者への差別的な意識は、まだまだ根深いものがあります。

う〜ん…全部読むのはちょっと億劫（おっくう）かも

紙面の周囲にある余白も大切です。もったいないと考えて、周囲の余白を狭くしてまで文章を書き込む人がいますが、オススメできません。文章をプリントアウトした際、余白はメモを記入するなどの機能的なスペースとしても活用できます。簡条書き（▶ p132）と同様、余白を作ることは、その文章のポイント（論点）をわかりやすくするという効果もあります。

余白を活かして、読みやすく

GOOD

LGBTとは、Lesbian（レズビアン、女性同性愛者）、Gay（ゲイ、男性同性愛者）、Bisexual（バイセクシャル、両性愛者）、Transgender（トランスジェンダー、性同一性障害を含む性別越境者）の頭文字を取った、性別少数者（セクシャル・マイノリティー）の人々を指す言葉です。

ちなみに、性的少数者には、他にもAsexual（アセクシュアル、無性愛者）、Questioning（クエスチョニング、性的指向を探している状態の人）と呼ばれる人たちもいます。

広告会社の電通が2015年に行った調査によると、日本におけるLGBTに該当する人の割合は、人口の7.6%と推計されています。

日本では、1990年代からLGBTへの理解を深める活動が行われてきました。しかし、2021年に国会議員がLGBTの人々に対して「種の保存にあらがう」と発言するなど、日本における性的少数者への差別的な意識は、まだまだ根深いものがあります。

余白を増やしたことで圧迫感が軽減されたね。それに、段落ごとに要点がまとめられているのでだいぶ読みやすくなった

適度な余白は「文字が多いな〜」という読み手のストレスを減らします

飾りすぎはNG！

簡潔に伝えるための
文章術

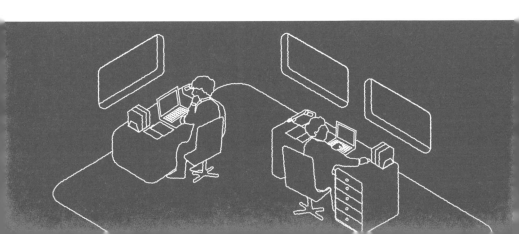

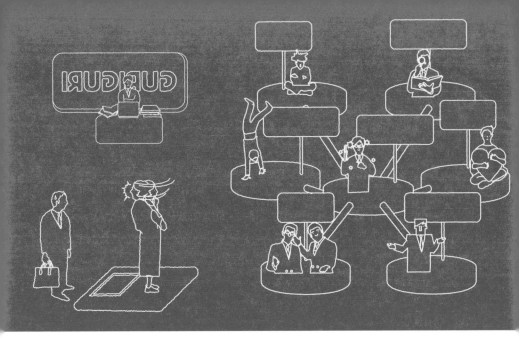

しっかり伝えるためには、「適した言葉を選ぶ」ことも意識しましょう

たとえ文章の内容がよかったとしても、「伝える工夫」がないと、読む人に「下手くそな文章」という印象を与えてしまいます。伝えにくい内容を読む人に理解してもらう方法として、比喩表現が有効な場合もあります。

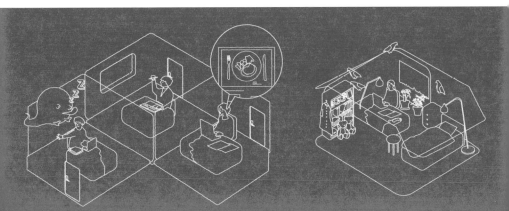

「れる」「られる」を多用しない

文章に説得力を持たせたい時に、「れる」「られる」は多用しないよう注意しましょう。

文章が曖昧な印象になることを避けるには、主語を明確にする（▶ p26）必要があります。しかし、文末に「〜と考えられます」と書かれていた場合、主語が曖昧なため、誰の「考え」なのかが不明瞭になりがちです。一方、「〜と考えます」と言い切った場合、主語は書き手の「私」であることが明確です。特に正確性を求められる企画書やプレゼン資料など、説得力が必要な文章では「**れる**」「**られる**」はなるべく避けましょう。

「れる」「られる」は説得力に欠ける

このように「〜れる」「〜られる」といった表現を多用すると、主語が曖昧になり読み手に**無責任な印象**を与えます。「〜と見られる」「〜と思われる」といった表現は客観性を装うには便利ですが、その分、説得力に欠ける文章になってしまうのです。「れる」「られる」を用いた場合には、言い切らなくていいのか、再考してみましょう。

「言い切る」と文章の説得力が増す

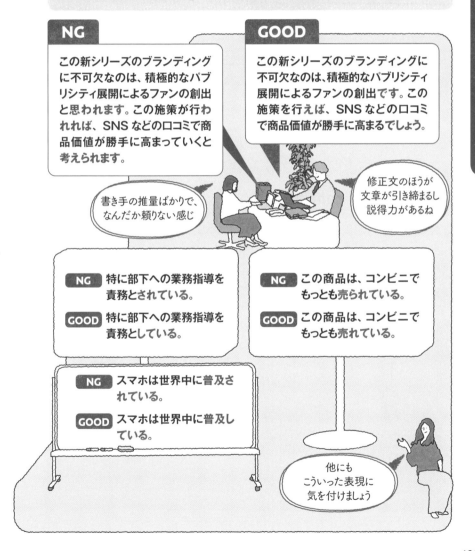

NG
この新シリーズのブランディングに不可欠なのは、積極的なパブリシティ展開によるファンの創出と思われます。この施策が行われれば、SNS などの口コミで商品価値が勝手に高まっていくと考えられます。

GOOD
この新シリーズのブランディングに不可欠なのは、積極的なパブリシティ展開によるファンの創出です。この施策を行えば、SNS などの口コミで商品価値が勝手に高まるでしょう。

書き手の推量ばかりで、なんだか頼りない感じ

修正文のほうが文章が引き締まるし説得力があるね

NG 特に部下への業務指導を責務とされている。
GOOD 特に部下への業務指導を責務としている。

NG この商品は、コンビニでもっとも売られている。
GOOD この商品は、コンビニでもっとも売れている。

NG スマホは世界中に普及されている。
GOOD スマホは世界中に普及している。

他にもこういった表現に気を付けましょう

02 「だろう」を多用しない

推量の表現を多用すると、読み手に「根拠がない」という印象を与えてしまいます。

前項の「れる」「られる」同様に、文章を曖昧にする表現の代表格が「**〜だろう**」という書き方です。もちろん、純粋に推量の意味で適宜用いる分には構いませんが、文末が「だろう」ばかりだと、「根拠や自信がないから、断定できないのかな？」という印象を読む人に与えてしまいます。「だろう」で結ぶ文は、読み手に謙虚な印象を与える効果はあるかもしれませんが、説得力が必要な文章には不向きです。

「だろう」を多用すると説得力がなくなる

> 私の見解としては、我がチームの今期の目標達成は可能だろう。しかし、万一に備えて営業活動を強化することも必要だろう。単に目標を達成するだけでなく、来期を見据えた販売計画を練っていくことが大切だろう。

> 私の見解としては、我がチームの今期の目標達成は可能だ。しかし、万一に備えて営業活動を強化することも必要である。単に目標を達成するだけでなく、来期を見据えた販売計画を練っていくことが大切だ。

目標達成できると言いながら、実は自信がないのかな？

目標は達成できそうだし、次の展開まで考えていて頼もしい印象だ

「〜だろう」ばかりでなく、「**〜ようだ**」「**〜らしいです**」「**〜かもしれない**」といっ
た推量の表現は、あまり使いすぎると読む人に「信憑性のない文章」「説得力に
欠ける文章」という印象を与えてしまいます。もちろん、個人的な意見や考えを
書く時に推量の表現が必要となることもあるでしょう。しかし、客観的な事実や
断定できる内容を書く場合には、推量の表現は控えたほうがいいでしょう。

推量の表現は多用しない

「たり」は反復して使う

並列助詞「たり（だり）」は、反復して使用するのが原則。一度しか使わないのは NG です。

並列助詞「**たり（だり）**」は、「昨日は、本を読んだり、手紙を書いたりして過ごしました」といった形で、同類の動作や状態を並べて書く時に反復して使うのが原則です。つまり、「昨日は、本を読んだり、手紙を書いて過ごしました」と、一文中に「たり」を一度しか使わないのは、原則に反しているため間違いということになります。

「たり」は反復して使うのが原則

NG

昨日の会議のあと、プレスリリースを作成したり、販売店のスタッフと販促施策の打ち合わせをしました。

→

GOOD

昨日の会議のあと、プレスリリースを作成したり、販売店のスタッフと販促施策の打ち合わせをしたりしました。

GOOD

→

昨日の会議のあと、プレスリリースを作成し、販売店のスタッフと販促施策の打ち合わせをしました。

「たり」は並列助詞なので一度しか使わないのは NG です

「たり」が一つしかない場合は、並列する言葉に「たり」を足すか、または「たり」を抜いて修正しましょう

例えば、「みんなで学んだり、協力するのを手助けする」と書いた場合、「学ぶ」と並列させているのが「協力する」か「手助け」かが不明瞭です。このように列挙する場合は、「たり」を繰り返して何が並列なのかを明らかにする必要があります。また、「たり」には「寝たり起きたり」のように反対の意味の語を並列して、その動作や状態が交互に行われる様子を表す用法もあります。さらに、「たり」には**単独で使用する用法**もあります。「車にひかれたりしたら大変だ」といった形で、一つの動作や状態を例に挙げて、他にも同類の事柄があることを暗示する副助詞的用法です。

「並列」が原則だが、「単独」で使用する用法も？

NG

本件については、会議の日時を延期したり、参加人数を変更することを検討する。

GOOD

本件については、会議の日時を延期したり、参加人数を変更したりすることを検討する。

「本件については、会議の日時の延期や参加人数の変更を検討する」と、「たり」を抜いてもOKです

反対の意味の語を並列して、その動作や状態が交互に行われる様子を表す用法

腰を曲げたり伸ばしたりしてストレッチしましょう。

晴れたり曇ったりと変な天気だ。

GOOD

単独で使用する副助詞的用法の「たり」

昨日は、本を読んだりして過ごしました。

家族のために夕食を作ったりもしました。

GOOD

04 伝えたい内容に 合った言葉を選ぶ

読む人にストレートにメッセージを伝えるには、伝えたい内容に合った言葉選びが大切です。

難しい言葉やキャッチーな（印象の）言葉をふんだんに盛り込めば、文章の深みが増し、華やかになる……ということは、あまりありません。**文の飾りすぎ**は、かえって読者を混乱させます。また、文の飾りが多ければ多いほど、書き手が本当に伝えたい内容がわかりにくくなりがちです。難しい言葉でないと説明できない場合や、キャッチーな言葉が効果的な場合もありますが、伝えたい内容と合っていないと逆効果になってしまいます。

「飾りすぎた文章」の例①

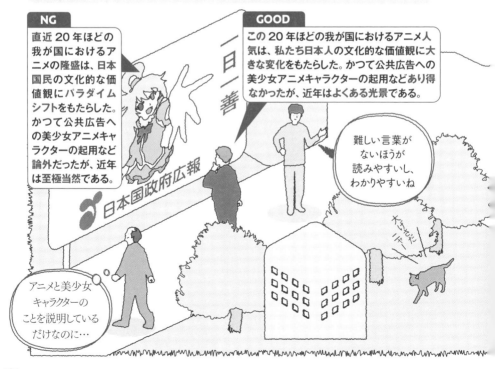

飾りすぎの文章にありがちなのは、難しい言葉や大仰な言葉の多用だけではありません。宣伝の文章などで、楽しい雰囲気を演出しようと**手垢のついた言葉**や**擬態語**などを多用すると、文章が安っぽくなってしまいます。以下の例文（NG）は、"ぱっと見"は楽しそうなワードが並んでいるように見えますが、実際に読んでみると、言葉が空回りしたおかしな文章になっています。

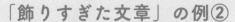

「飾りすぎた文章」の例②

NG

当店自慢のサウナで命の洗濯を。ワンランク上の極上サービスで、心潤う夢の空間をプロデュースします。サウナ室で汗をかいたら、メインディッシュの水風呂で心も体もサッパリ！締めは夜風を楽しめる屋上ビアガーデンでキラッキラのアフター5を。

いろいろオススメしたい気持ちはわかるけど、なんかくどくて安っぽい…

いろいろ"盛りたい"のはわかりますが、結果的に"ダサっ"とならないよう注意しましょう

GOOD

当店自慢のサウナでリフレッシュを。ワンランク上のサービスで、心潤う夢の空間を提供します。サウナ室で汗をかいたら、水風呂で心も体もサッパリ！サウナの後は、さわやかな夜風を楽しめる屋上ビアガーデンもオススメです。

命の洗濯… 意味は通じるが、あまり風呂やサウナに入ることに対して使わない言葉

極上…「ワンランク上」にさらに「極上」をつけるのはくどい

プロデュース… 感覚的な言葉選びという印象で伝わりにくい

メインディッシュ… 言いたいことは伝わるが、取ってつけた感じが否めない

締め… これも言いたいことはわかるが、やや伝わりにくい

キラッキラのアフター5… 意味不明な擬態語と手垢のついた言葉の組み合わせ

05 「呼応表現」を正しく使う

呼応表現が間違っていると、文章で論理的に伝えることができなくなってしまいます。

日本語には、**呼応表現**といって、ある言葉を使った時に、それに対応する決まった言葉で受けるという定型文のような性格を持つ表現があります。この呼応が正しくない文章は、収まりが悪く論理も破綻しているため、読む人がストレスを感じる場合もあります。

「結果＋理由（原因）」の呼応表現

NG
社会人になったら、選り好みせずどんな仕事にもチャレンジしてみたほうがいい。なぜなら、自分がやりたいと思っている仕事が、本当に自分に合った仕事とは限らない。

GOOD
社会人になったら、選り好みせずどんな仕事にもチャレンジしてみたほうがいい。なぜなら、自分がやりたいと思っている仕事が、本当に自分に合った仕事とは限らないからだ。

理由を表す接続詞「なぜなら〜」は、「〜（だ）から」で受ける必要があります

「結果＋理由（原因）」の文章には、「〜したのは」を「〜（だ）から」で受ける文型もあります

NG 彼が成功したのは、日夜努力を怠らなかったのだ。

GOOD 彼が成功したのは、日夜努力を怠らなかったからだ。

128

「テーマ（夢、目標など）＋内容」の文章には、「私の夢**は**、エベレストに登頂する**こと**です」と、「〜は」を「〜こと」で受ける呼応表現を使います。また、「文章の極意**は**、基本ルール**にある**」といった形で、「〜は」を「（場所、所在、ポイントなど）にある」で受ける文型や、「日本文化**には**、わび・さび**がある**」といった形で、「〜には」を「〜がある」で受ける文型もよく使われます。

主な「呼応表現」の例

コノ掟、犯スベカラズ

断定を意味する言葉
（〜だ／〜である）などと呼応

✕必ず合格すると思う ▶ ○必ず合格する

✕絶対に達成するだろう ▶ ○絶対に達成する

伝聞・様態の言葉
（〜ようだ／〜そうだ／〜らしい）などと呼応

✕今にも倒壊する壁だ ▶ ○今にも倒壊しそうな壁だ

✕どうやら解雇だ ▶ ○どうやら解雇のようだ

✕いかにもあいつがやることだ ▶ ○いかにもあいつがやりそうなことだ

✕まるで女王様だ ▶ ○まるで女王様のようだ

✕さも嬉しいと笑った ▶ ○さも嬉しそうに笑った

推量の言葉（〜だろう／かもしれない／
〜はずだ）などと呼応

✕おそらく大丈夫だ ▶ ○おそらく大丈夫だろう

✕たぶん間に合う ▶ ○たぶん間に合うだろう

✕きっと合格する ▶ ○きっと合格するはずだ

✕もしかしたら昇進する ▶ ○もしかしたら昇進するかもしれない

✕やがて終わる ▶ ○やがて終わるだろう

希望を意味する言葉（〜たい）などと呼応

✕なんとしても勝ち取る ▶ ○なんとしても勝ち取りたい

✕どうしてもやり遂げる ▶ ○どうしてもやり遂げたい

疑問を意味する言葉と呼応

✕はたして当選する ▶ ○はたして当選するのか？

「〜してしまった」と呼応

✕つい遅刻した ▶ ○つい遅刻をしてしまった

✕うっかり寝坊した ▶ ○うっかり寝坊をしてしまった

完了形の言葉（〜した）などと呼応

✕たった今完成する ▶ ○たった今完成したところだ

✕もう到着する ▶ ○もう到着した

否定・婉曲を意味する言葉
（〜ない）などと呼応

✕決して勝つ ▶ ○決して負けない

✕全然関心がある ▶ ○全然関心がない

✕まったく理解できる ▶ ○まったく理解できない

✕さっぱりわかる ▶ ○さっぱりわからない

✕少しも嬉しい ▶ ○少しも嬉しくない

✕それほど重大な事態だ ▶ ○それほど重大な事態ではない

適度に主語を省略する

伝わる文章を書くためには主語を明確にする必要がありますが、主語を省いたほうが読みやすくなる場合もあります。

日本語は、「誰が」「何が」といったことを表す**主語を省略する**ケースが珍しくありません。文章を書くうえで主語を省いていいケースは、二つあります。一つ目は「**同じ主語が続く時**」です。例えば、以下の例文「GOOD」のように、前後の関係から主語を察することができる場合は、省略したほうが文章はすっきりします。

主語が多すぎると読みづらい

NG

私は東京生まれです。しかし、私は小学生の時に父の転勤に伴い、家族3人で北海道に引っ越しました。その後、私は大学への進学を機に、東京に戻ってきました。

GOOD

私は東京生まれです。しかし、小学生の時に父の転勤に伴い、家族3人で北海道に引っ越しました。その後、大学への進学を機に、東京に戻ってきました。

何度も「私は」が続くと稚拙な感じ…

誰が読んでも「私（書き手）」の話とわかる内容であれば、主語を省略したほうがスッキリするね

とはいえ、主語がない文章は曖昧になる場合もある（▶ p26）ので、主語を省略する時は、<u>省略しても確実に意味が伝わる</u>という確証がなければいけません。また、主語を省略している時に、途中で主語を変えるのは避けるべきです。主語を省いていい二つ目のパターンは、特定の人々や世間一般を指している場合など、**文脈から主語が明確に読み取れる場合**です。例えば「財産を相続した場合、相続税を払う必要がある」という文の場合、主語は「財産を相続した人」であることが明確なため、主語を省いても読みにくくは感じません。

主語を省略する時の注意点

▨ 省略した主語は文の途中で変えない

NG

小説によって時に励まされ、時に他人の人生を疑似体験させてくれた。

GOOD

小説によって時に励まされ、時に他人の人生を疑似体験できた。

前半は「私は」が主語で、「励まされ」が述語だけど、後半は「小説は」が主語で、「疑似体験させてくれた」が述語だから主語が変わってしまっているね

この文章の主語は「私（私たち）は」または「人類は」ということだね

▨ 文脈から主語が明確に読み取れる場合も、主語を省ける

我々の将来のためにも、二酸化炭素排出量を削減する必要がある。

07 「箇条書き」で 文章をわかりやすくする

多くのことを伝えたい時には、箇条書きにすると文章が簡潔になり、読み手にも伝わりやすくなります。

複数の事柄や伝達事項を列挙する際に、それを文章としてすべて詰め込もうとすると、要点がわからず、読みにくくなってしまいます。そうした場合は、**箇条書き**にすると文字数が削減でき、見た目もすっきりしてわかりやすくなります。また、箇条書きにすることで、書き手自身も頭の中が整理されて、情報の過不足や論理的矛盾などに気づきやすくなります。

文章にすべて詰め込むと読みづらい

文章による事柄の列挙は、読む人にとってはポイント（論点）がわかりにくく、一度読んだだけでは理解できないこともあります。一方、以下のように<u>箇条書き</u>にすると、ポイントが明確になります。また、箇条書きにすることで「今はどの項目を話し合っているのか」がわかりやすくなるため、議論をするうえでも便利です。会社で報告などを求められた場合は、「これは箇条書きにできないかな」と、常に意識しておくと良いでしょう。

「箇条書き」にするとポイントが明確になる

GOOD

「国際美容展」視察についての報告
開催場所：幕張メッセ　視察日：5月10日（開催期間：5月9日〜5月11日）

【概要】
・当日の来場者は約1万人（3日累計は約4.5万人）。
・今年のテーマは「simple but effective（シンプルだが効果的）」。
・テーマ通り、莫大な予算をかけた宣伝広告ではなく、SNSなどの口コミでヒットが生まれる昨今の時流を反映した展示会という印象。

【会場の様子と他社ブースの動向】
・盛況だったのは美容機器・家電のゾーン。
・その中で、特に人気だったのがA社の美容機器コーナー（海外のバイヤーの引き合いも多数あった模様）
・当社の競合にあたるB社の美容雑貨ブースは、今回は話題となる新機軸がなく、世間の関心度が薄れている印象。

【視察から得た考察】
・B社の勢いが衰えているため、よりスペックの高い当社製品をPRするチャンス。
・当社新シリーズについては、低予算で実施可能なSNSを活用した拡販施策が効果的と思われる。

なるほど。
これからの戦略は
SNSが鍵か

08 使いやすい表現①
比喩

読む人に具体的なイメージを持ってもらいたい場合、比喩は非常に便利な表現です。

ビジネス文書や論文などを書く際に**比喩**を多用すると、文章が抽象的になるため、あまりオススメできません。しかし、物事をわかりやすく説明したい時に、比喩が役立つことが多いのも事実です。また、比喩は読む人に具体的なイメージを持ってもらいたい場合にも便利です。比喩にはいろいろな種類がありますが、文章を書く時に、特に使いやすいのが**直喩**や**隠喩**、**擬人法**などです。

「直喩」「隠喩」「擬人法」とは？

もっとも手軽に使えるのは、「〜のような」などと、何かと何かを比較していることがわかる直喩です。一方、隠喩は「比べている」ということを明示していないのでわかりにくい場合もありますが、うまく表現できればインパクトを出すことができます。擬人法は、ビジネス文書にはあまり向かない表現かもしれませんが、商品のキャッチコピーなどによく用いられます。

ビジネスシーンで使える比喩の例

昨今の世界情勢は、まるで戦時下のようだ

雪崩のような勢いで攻勢を仕掛けられています

比喩の使いすぎには注意が必要ですが、効果的に使うとイメージが湧きやすくなります

社員は家族です

長年蓄積したマーケティングデータは我が社の頭脳だ

工場が悲鳴を上げています！

唇がワクワクする。

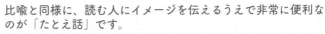

KEY WORD ➡ ☑ たとえ話

09 使いやすい表現②
たとえ話

比喩と同様に、読む人にイメージを伝えるうえで非常に便利なのが「たとえ話」です。

比喩と同様、読む人にイメージを伝える時に便利なのが、比喩表現の一種である「**たとえ話**」です。たとえ話は、文章をわかりやすくするばかりでなく、<u>読む人の記憶に定着しやすい</u>という利点もあります。伝えようとする内容が「複雑でわかりにくいかも」と感じたら、想像しやすいことや身近な例にたとえましょう。案外すんなりと理解してもらえるはずです。

「たとえ話」でわかりやすく伝える

読む人が「知らないこと」を、「**誰でも知っていること**」や「**身近な例**」でたとえると、文章はさらにわかりやすくなります。例えば、「5G」（▶ p15）について説明する場合、「今まで使ってきた4Gのスマホが2車線の一般道だとしたら、5Gは8車線の高速道路みたいなもの」と聞けば、なんとなく5Gのスピードや大容量といった便利さがイメージできるのではないでしょうか。

「身近な例」のたとえ話

日本の財政を家計に例えると、借金はいくら？

平成27年度の一般会計予算を基にして、日本の財政を月々の家計に例えてみます。
仮に、月収50万円の家計に例えると、月収は50万円ですが、ひと月の生活費として、80万円を使っていることになります。
そこで、不足分の30万円を、借金で補い家計を成り立たせています。
こうして借金が累積して、8,400万円のローン残高を抱えていることになります。

出典：財務省HP

Chapter 7

TSUTAWARU
BUNSHOJUTSU
mirudake note

まずは実践あるのみ！

文章がうまくなる
スキルアップ術

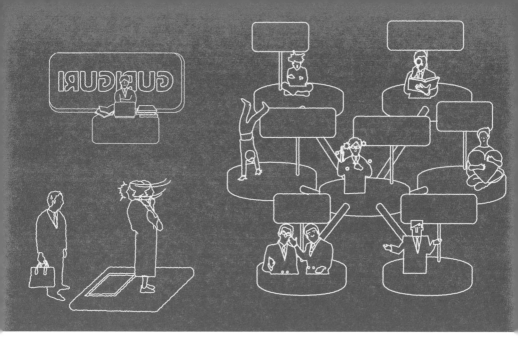

自分が好きな文章を
書き写すだけでも、
さまざまな発見があります

何事も「実践」がもっとも効果的なトレーニングです。「うまく書けないかも……」とためらうよりも、まずは書いてみましょう。「名文」を真似したり、書き写したりするだけでも、文章術は確実に上達します。

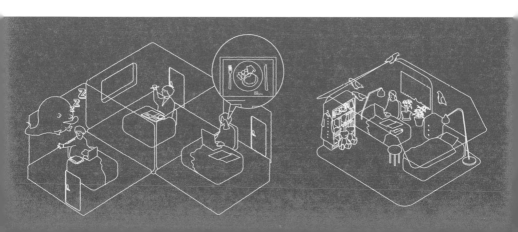

01 「書き始める」ための方法

書いてから考えるか、考えてから書くか。さまざまなやり方があることを知っておきましょう。

いざ書こうと思っても、文章の組み立て方がわからない、そもそも何を伝えたいのか定かでない……といった理由で、書き出せない場合があります。そんな時は、何はともあれ**最初の一文を書いてみましょう**。すると次の展開が浮かんだり、新たなアイデアが降って湧いたりするものです。不自然な繋がりはあとで調整すれば大丈夫。最初からうまく書こうと思わないことです。

書いてから考える

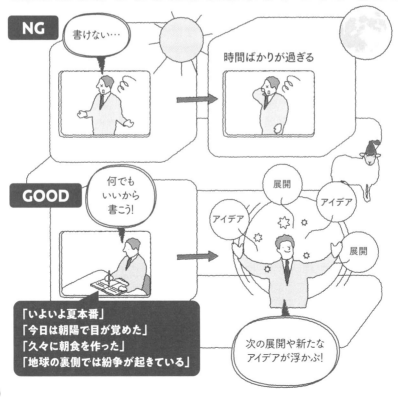

一方で「**考えてから書くべき**」という真逆の考え方もあります。準備しないまま書き進めると、迷って時間がかかるうえ、散漫に仕上がってしまう場合があるからです。伝えたい内容がある程度はっきりしていれば、きちんと**構成**を考えてから書くのが良いでしょう。もちろんその場合、書き終えてからの修正作業も少なくなるはずです。

考えてから書く

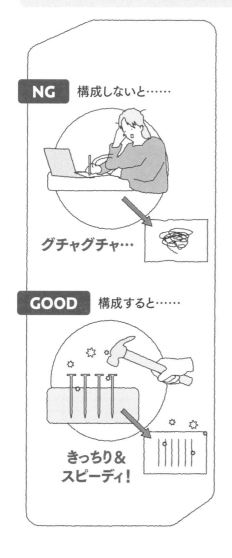

NG　構成しないと……

グチャグチャ…

GOOD　構成すると……

きっちり＆
スピーディ！

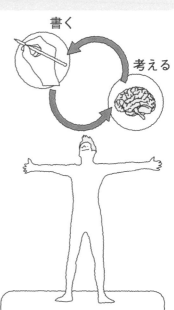

書く

考える

書くこと＝考えること

そもそも「書くこと」と「考えること」は、単純に順序立てられるものでしょうか。実際のところは、考えながら書き、書きながら考えているはずです。となれば、「書く」という行為で、同時進行的に「考え」を磨いていることになります。つまり文章とは、情報伝達のみならず思考の手段でもあるのです。

02 「何を書くか」を明確にする

情報を具体的に絞り込んでから書き始めると、読み手に刺さる文章になります。

ビジョンがおぼろげなまま書き進めると、平板で面白みに欠けたり、焦点が定まらず吸引力のない文章になってしまったりするおそれがあります。読み手を引きつけるには、読み手に**有益な情報**と、書き手の目撃談や体験談に基づいた**独自の視点**をきっちり押し出すことが重要です。情報を補強する**数字**を加えれば、なお良いでしょう。

有益な情報や体験談を入れる

NG

新モデルの洗濯機は、ユーザーが最低限求める機能を一通り備え、値段はリーズナブル。置き場所もそれほど取りません。色も複数取り揃えています。

GOOD

新モデルの洗濯機は、消費電力を旧モデルの70%に抑え、運転時間を40分も短縮。私事ながら、先日急なアポイントで着ていくシャツがなくて焦りましたが、前日にシャツをこの新モデルで慌てて洗濯・乾燥し、なんとか間に合いました。旧モデル機だったらアウトでしたね。

悪くない商品だとわかるけど、ぼんやりして心に響かないな…

省エネ&スピード重視の人に最適なのね！ 体験談や数字も交えてイメージしやすいわ〜

あれやこれやと情報を詰め込みすぎた文章は、読みにくくてたまったものでは
ありません。万人向けに書いたつもりかもしれませんが、一つひとつの情報の
インパクトが薄まってどれも記憶に残らず、結局はあらゆる読者層を取り逃し
てしまうおそれがあります。しっかり伝えるためには、読み手の特徴を見据え、
情報を絞り込みましょう。

情報を絞り込む

NG

当プロダクションでは、書籍や
ムックの企画・編集・ライティング・
DTP・校正、広告及び販促ツー
ルのデザイン、Webページの
制作・運用、動画コンテンツの
制作、プロダクション運営のコ
ンサル業務を行っています。

GOOD

本を作りたければ、弊社が立
案から出版まで責任を持ってサ
ポートします。

NG

ルネサンス期を代表する偉人レ
オナルド・ダ・ヴィンチは、フィレ
ンツェ郊外のヴィンチ村で生誕。
数々の絵画はもちろん、解剖学
や工学に関する手稿も残し、さら
に建築、数学、物理学に至るまで
さまざまな分野で功績をあげた。

GOOD

レオナルド・ダ・ヴィンチは、あの
有名な「モナ・リザ」を描いた人
です。

03 「何のために書くのか」を明確にする

書く目的がはっきりしていれば、ピントがずれる心配はありません。

文書の種類は、もちろん一つではありません。レポート、PR文、議事録、メールマガジン、社内報、始末書など、さまざまな形式が存在します。たとえ同じ形式の文書であっても、押さえるべきポイントは目的によって異なります。例えば商品展示会のレポートであれば、優先すべき情報は商品のスペックかもしれませんし、商品の注目度を示す集客状況かもしれません。良い文章に仕上げるには、**目的を間違えない**ことが大切です。

目的を踏まえてポイントを明確に

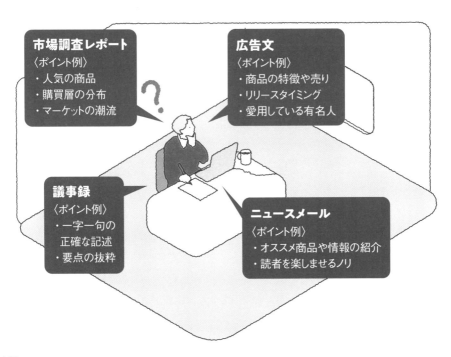

市場調査レポート
〈ポイント例〉
・人気の商品
・購買層の分布
・マーケットの潮流

広告文
〈ポイント例〉
・商品の特徴や売り
・リリースタイミング
・愛用している有名人

議事録
〈ポイント例〉
・一字一句の
　正確な記述
・要点の抜粋

ニュースメール
〈ポイント例〉
・オススメ商品や情報の紹介
・読者を楽しませるノリ

書く目的がわかれば、そのために必要な**素材**も見えてきます。「目的の明確化によって情報収集の意識が高まる」のです。目的の明確化が早いほど情報収集のスピードと質が高まります。文章を書くという行為は、ペンを走らせている瞬間やキーボードを打っている瞬間だけを指すわけではありません。書く前の準備が、文章の出来を左右するのです。

目的に合った素材を集める

①目的を知る

頼むよ

編集長

企画書

「女性向けの
ラーメン特集」
ですね

グルメライター

Check
**目的は女性に
届けること**

②アンテナを張り…

RAMEN

オシャレ！
低カロリー！

ムードあり！

インフル
エンサー

○○屋の
ラーメンが…

③いざ執筆

中目黒にオープンした
○○屋。あの△△も
行きつけで、オススメ
のメニューは…

麺のごとく
なめらかに
手が動く…

04 まずは一気に書いてみる

最初から完成形を追いすぎず、まずは一気に書き上げるのがスピードアップのコツです。

なかなか書き進められない人は、最初から理想の文章を追いすぎているのかもしれません。一文や一語にこだわりすぎて、停滞してしまうのです。スピードを上げたいなら、細部にとらわれず、まずは全体を一気に書き切ってしまいましょう。例えば絵画を描く場合、部分ごとに完璧に仕上げていくのではなく、初めに全体をざっと下描きするはずです。それと同じ要領です。

一気に書いてから修正していく

まずは
一気に書く！

メラメラ

ミャンマーでクーデターを起こした国軍が実権を握った。就任してまだ間もないバイデン米大統領は、これは明らかに民主主義に反するとして非難した。なぜならバイデン政権は、世界の民主主義勢力が力を合わせてリードするべきだという意志を持っているからだ。だからG7やEUと共同で立ち向かっていく声明をまとめた。そして、これには米国と並ぶ大国であり、ミャンマーと良い関係を保ちたい中国に圧力をかけたいという思いもある。中国にとって、ミャンマーは「一帯一路」に属するエリアとして重要であり、どんな勢力が国のトップに立っても仲良くしたい。このような流れで、ミャンマーが米中バトルの新たな場としての様相を呈することになった。

まずは勢い
が重要！

全体を一気に書き上げる際、字数オーバーはさほど気にしなくて大丈夫。続けて**推敲**に入りますが、そこで不要な単語、短縮できる言い回し、補足すべき箇所などに気づくでしょう。それらを修正して全体を引き締めていくなかで、予定の文字数に近づければ OK です。スピードアップを図るには、**時間のリミットを定める**のもオススメです。例えば翌日に友人とのランチの予定を入れてしまえば、否応なくその日のうちに書き上げることになるはずです。

書いた後に修正する

ゴシゴシ

ミャンマー国軍がクーデターで実権を握ったのを受け、就任して間もないバイデン米大統領が声を上げた。民主主義勢力が協調して世界をリードすることを掲げたバイデン政権は、今回の件を非合法な「軍事クーデター」と定め、G7 やEU と共同で非難声明を発表。そこには、民主主義と相容れない中国に圧力をかけたい思惑もある。中国としては、巨大経済圏構想「一帯一路」の一部をなすミャンマーは良好な関係を維持したい相手であり、静観を続けている。こうしてミャンマーは、米中対立の新たな最前線となった。

スリムになって既定文字数に収まったし、言葉や表現も磨かれた

時間を決めるのが効果的

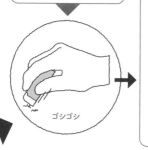

NG

〆切はまだまだ先だし、やる気が起きないよ〜

GOOD

1 時間きっちり集中して書き上げたあと、ゲームをやろう

明日は約束があるから、今日中に片付けねば！

友人

05 「見出し」と「リード」で読み手を引きつける

「見出し」や「リード」で要点を打ち出し、読み手をスムーズに誘導しましょう。

記事やレポートから本書のようなノウハウ本まで、多くの書き物には「**見出し**」があります。見出しとは、それに続く本文の要点を端的に言い表したもの。記事や章の全体を見据えた「大見出し」、段落などの小さなブロックに対応する「中見出し」「小見出し」という具合に分けられます。見出しを使って事前に大まかな内容をイメージさせることで、読者をスムーズに本文へと導けます。

見出しで要点を簡潔に示す

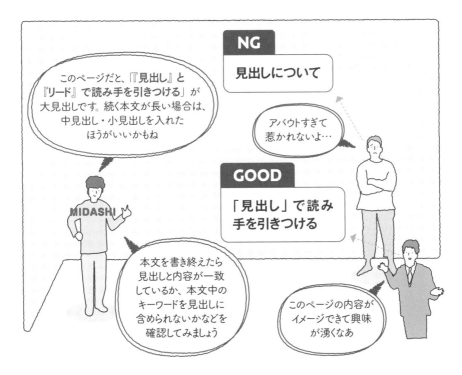

本文に先立つものとして、「**リード**」があります。リードの役割は「大見出しと本文の橋渡し」にほかなりません。冒頭の大見出しを噛み砕き、後に来る本文のエッセンスを簡潔に先出しします。リードがあれば、読み手もその書き物を読みたいかどうかおおよそ判断できるはず。そうした重要性を踏まえつつ、大見出し→リード→中見出し・小見出し→本文と淀みなく連動させましょう。

リードで大筋をイメージさせる

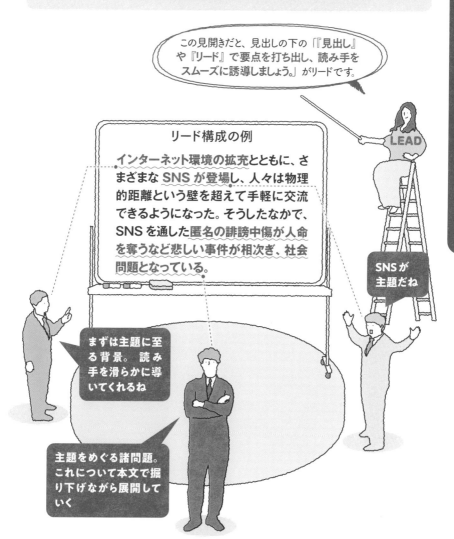

この見開きだと、見出しの下の「『見出し』や『リード』で要点を打ち出し、読み手をスムーズに誘導しましょう。」がリードです。

リード構成の例

インターネット環境の拡充とともに、さまざまな SNS が登場し、人々は物理的距離という壁を超えて手軽に交流できるようになった。そうしたなかで、SNS を通した匿名の誹謗中傷が人命を奪うなど悲しい事件が相次ぎ、社会問題となっている。

SNSが主題だね

まずは主題に至る背景。読み手を滑らかに導いてくれるね

主題をめぐる諸問題。これについて本文で掘り下げながら展開していく

06 「読みたくなる文章」を意識する

相手が「読みたい」と思うか自問しながら、読み手ファーストの意識で書き進めましょう。

良い文章とは、「**読みたくなる文章**」であると言えるでしょう。とりわけ誰もが手軽にツイートし、ブログを更新し、ウェブの記事にコメントを書き込むのが当たり前となったSNS全盛の時代、インターネットという大海は書き物であふれています。そのなかで埋もれることなく、きちんと読まれる文章には、読み手の気持ちを捉えて離さないヒミツがあるのです。これは、SNSに限らず、あらゆる文章に当てはまる傾向です。

優れた書き手は沈まない

バズる

語り継がれる

CYBER SEA

広告コピーの大家ジョセフ・シュガーマンは「1行目の最大の目的は2行目を読ませること。2行目の最大の目的は3行目以降を読ませること」という名言を残しています

俺たち実力不足!

「良い文章＝読みたくなる文章」を書くためには、読み手のニーズを考慮しなければなりません。1行目を読んだら2行目を、2行目を読んだら3行目を読まずにはいられない……となるよう、つねに洗練と工夫を重ねる意識づけをしましょう。あなたが文体を開拓する小説家を目指しているなら別ですが、そうでなければ、自己満足に陥ることなく、読み手の気持ちを考えて書くことが重要です。

読み手を魅了する

NG

0-0で迎えた70分、右サイドから長いパスを受けたメシウドがシュートを打つが決まらない。82分、メシウドがPK（ペナルティキック）を蹴るが、キーパーに止められる。アディショナルタイムの93分、FK（フリーキック）をメシウドが三度目の正直でようやくゴールに決め、そのまま試合終了。劇的な勝利を飾った。

試合経過はわかるけれど、ワードチョイスが味気ないかも…

GOOD

試合の熱狂が文章に昇華されたようだ！

0-0で迎えた70分、右サイドからのクロスパスをゴール前でとらえたメシウドが左足一閃。だが枠の外へ外れてしまう。82分、メシウドにPKのチャンスが訪れるが、キーパーの好セーブに阻まれる。
そしてアディショナルタイムの93分、ゴールまで30ヤードの位置でFKを獲得。メシウドの左足から放たれたボールは、弧を描いてディフェンダーの頭を越え、ゴール左隅に吸い込まれた。三度目の正直だ。
試合終了のホイッスル。劇的な勝利にスタジアムが揺れた。

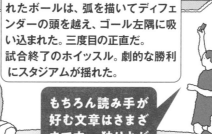

もちろん読み手が好む文章はさまざまです。独りよがりに陥るのはNG

07 「名文」を繰り返し読んで、真似をする

名文のエッセンスを我がものとすることが、文章を上達させる秘訣です。

文章を書くことは、適切な単語や言い回しを適切な文法に乗せていく作業にほかなりません。書き手に可能なのは、言葉や形式を「選択」することだけであり、それらをゼロから「創造」することはできません。つまり文章はすでにパターン化されているのです。もちろん、世の中には、自分の書き物に先立つ「**名文**」が山ほど存在します。となれば、それらを手本にしない手はありません。**名文の真似をする**のが、文章上達の近道といえるでしょう。

先人の名文の真似をする

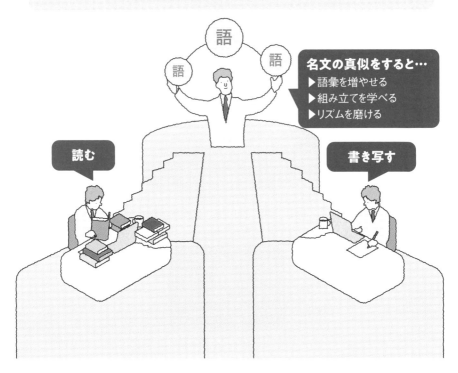

語 語 語

名文の真似をすると…
▶語彙を増やせる
▶組み立てを学べる
▶リズムを磨ける

読む

書き写す

手本にする名文は、自分が目指すイメージに近いもの、自分が感銘を受けたもの、名高いものなど、目的や状況に応じて選びましょう。選んだ**名文を繰り返し読み**、リズムや言い回し、展開の妙、気の利いたテクニックをたっぷり習得してください。読み込むだけでなく**丸ごと書き写す**エクササイズも取り入れれば、より効率よく文章力を伸ばしていけるでしょう。

目的に合った名文を選ぶ

作家
書くこととは一体…?

ジャーナリスト
まずは客観的に

コピーライター
意外性&共感性がキモ

名文家いろいろ

代筆業
気持ちに寄り添う

漫才師
ワードセンスや展開力

テクニカルライター
誤解を生まない

08 文章をたくさん書く

たくさん書かなければ上達しません。マイルールを設け、とにかく書き続けましょう。

当たり前ですが、生まれつき文章をうまく書ける人はいません。いくら潜在能力を秘めていても、練習を重ねなければ上達は望めないのです。重要なのは、**とにかく書く**こと。文章を生み出さなければ、質を吟味することもできません。また、文才は使わなければ錆びついてしまう厄介な代物です。ですから一人前の書き手になっても、書くことを怠ってはいけません。

たくさん書けば上達する

154

とにかく書く、といっても、よほど世の中に物申したい人でもなければ難しいかもしれません。ですので、ルールを決めて、書くことを自分に強制しましょう。例えば、毎日30分は必ずキーボードを打つ、その時間はなるべく手を休ませない、毎日10行以上の日記をつける、といった練習方法が考えられます。三日坊主で終わらせないためにも、身の丈に合わせて設定しましょう。

ルールを決めて書く習慣をつける

09 スキルアップには「推敲」が大切

推敲なくして文章は完成しません。注意深く練り直し、表に出せるレベルに引き上げましょう。

推敲とは、**文章を何度も練り直す**ことです。一気に書いたものが、そのまま外に出せる完成度に至っていることは、よほどの達人でも稀なことです。ですので、文章を書き終えたら、まずは推敲に入ります。最初はそれなりに読めると思っていた文章も、丹念なブラッシュアップを経てみると、「まるで使い物にならないレベルだった」と気づかされることがほとんどです。

書き終えたら必ず推敲する

さまざまな角度から文章を吟味してみましょう

推敲のチェックポイント

▶ 主語と述語は対応しているか
▶ 誤字や脱字はないか
▶ 句読点の位置は適切か
▶ 改行の位置は適切か
▶ NG表現（差別語など）を
　含んでいないか
▶ 誤った情報を含んでいないか
▶ 言葉の過不足はないか
▶ 内容は一貫しているか

主　従
脱
誤　NG
○
一貫性

推敲でチェックするのは、誤字や脱字がないか、情報は正確か、言葉選びは適切か、文章はスムーズで明確か、といった点です。効果を高めるために、書き終えてから推敲までに間を置く（客観的に読み返せる）、他者の意見を聞く（新たな視点を得る）、といった手段も有効です。音読したり、プリントアウトしたりして読み直す方法も、推敲の精度アップに一役買うはずです。

さまざまな手段で推敲の効果を高める

Chapter

8

TSUTAWARU
BUNSHOJUTSU
mirudake note

まずはネタを集めよう！

速く正確に書くための
スピード文章術

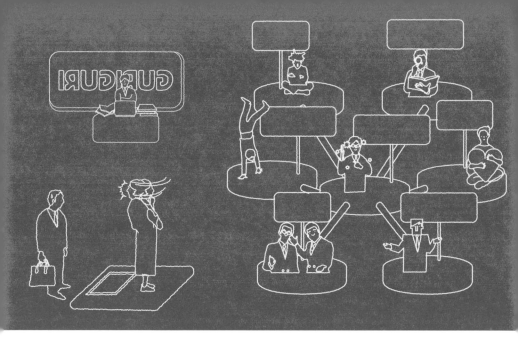

実は、取材こそが
「伝わる文章」を書くための
極意かもしれません

「伝えるべき内容」が明確であれば、文章はいくらでも書けます。もし「何も書くことがない」と感じたら、取材をすればいいのです。さらにメモを活用したり、自分の体験を書いたりすれば、文章の説得力は増します。

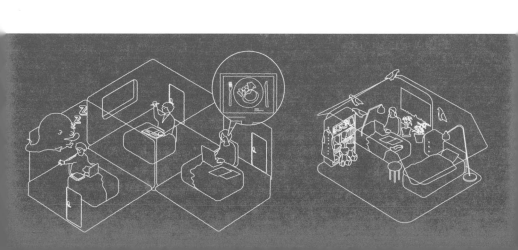

01 メモやノートを活用する

文章を書く前段階において、メモを取ったりノートにまとめたりしておくことも大切です。

文書を書く前のネタや情報を集めるプロセスにおいて、メモやノートの活用が有効です。メモやノートは、文章を書く際の**材料（データ）**として非常に役立ちます。メモやノートに書くという行為は、頭の中で考えていることをアウトプットしながら言語化・可視化していくことです。一度、この工程を踏むのと踏まないのとでは、文章を書く際のスピードが異なってきます。また、メモやノートにまとめる作業には、情報の整理ができるという利点もあります。

材料を箇条書きでまとめてみる

書くテーマが決まっている場合に、最初にすべきなのは材料（データ）集めです。まずは、どんなテーマで、どのように書くのかといった大枠を考えましょう。大枠が決まったら、テーマの具体的論点を絞り、その内容を文章として展開していくにはどんな材料が必要か、手元にある材料やない材料を点検していきます。足りない材料は「読む」「聞く」「探す」などして集める必要があります。そうやって集めた材料と手元にある材料を合わせて総点検し、十分だと感じたら書くステップへと移りましょう。

不足があれば材料を補う

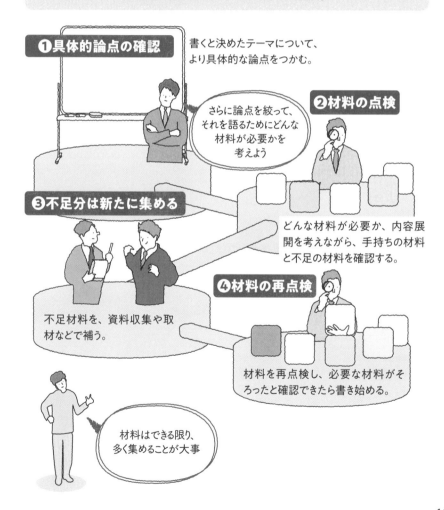

❶具体的論点の確認

書くと決めたテーマについて、より具体的な論点をつかむ。

さらに論点を絞って、それを語るためにどんな材料が必要かを考えよう

❷材料の点検

どんな材料が必要か、内容展開を考えながら、手持ちの材料と不足の材料を確認する。

❸不足分は新たに集める

不足材料を、資料収集や取材などで補う。

❹材料の再点検

材料を再点検し、必要な材料がそろったと確認できたら書き始める。

材料はできる限り、多く集めることが大事

161

02 伝えるべきことを 正確に書く

文章とは、情報伝達のツール。誤解なく、正確に伝えるためには、情報の取捨選択が必要です。

公開予定のない日記などは別として、文章には基本的に読む相手がいます。その相手に、情報を伝えるためのツールが文章です。特に実用文においては、**誤解なく正確に伝える**ことが一番重要です。必ずしも美文である必要はありません。また、文章内に必要な情報がすべて書かれていることも大切です。必要な情報が書かれていないと、読み手の混乱を招くので注意しましょう。

誤解なく正確に伝えることが大切

NG

田中さんは、山田さんのように長い時間走れない。

この文章では、田中さんが長い時間走れる人なのか、走れない人なのかがはっきりわかりません

GOOD

田中さんは、山田さんと同様に、長い時間走れない。

GOOD

山田さんは田中さんが走るようには、長い時間走れない。

田中さんと山田さんが両方とも長い時間走れない場合は、このように書き直します

田中さんは長い時間走れるけれど、山田さんは走れない場合はこのように書き直します

社内運動会を下記の日程で開催します。

日時：6 月 10 日（木）13 時〜 19 時
最寄り駅：○○公園前駅
会費：2000 円

出欠を 5 月 25 日までに、下田宛にメールでお知らせください。
下田メールアドレス：shimoda@ △△ .jp

この文章ですが、肝心の「開催場所」が抜けています。文章を書く際は、情報の抜けがないかチェックしましょう

わかりやすい文章を書くためのポイントは、二つあります。一つ目は、**内容を理解して書く**ということです。書き手が理解していないことを、読み手がわかるように文章化することはできません。難しい事柄をわかりやすい言葉で説明できる人は、その事柄を深いところまで理解しているのです。二つ目は、**一般的なルールに従って書く**ことです。文章の切れ目には句読点をつける、会話は鍵カッコでくくるなどの決まりごとを守るだけで、多くの人にとって読みやすい文章になります。

文章の決まりごとを守る

NG

きょうはいいてんきですが明日はあめらしいのでかさをよういするのを忘れないようにしてください。あさの挨拶はおはようございますと大きな声でおねがいします。今日と同様ごぜん十時に駅しゅうごうです。10 時より遅れたばあいはバスに乗り遅れてしまう可能せいがあるのでおくれないように注意してください　れんらくは以上です。

▶文章の切れ目には「、」「。」（句読点）をつける
▶会話は「」（鍵カッコ）でくくる
▶漢数字、アラビア数字が混在しているので表記を統一する
▶定着している外来語はカタカナにする
▶読みやすくなる言葉は「ひらがな」ではなく「漢字」にする

NG の文は文章の決まりごとを守っていないため、非常にわかりにくくなっていますね

GOOD

今日はいい天気ですが、明日は雨らしいので傘を用意するのを忘れないようにしてください。朝の挨拶は「おはようございます」と、大きな声でお願いします。今日と同様、午前 10 時に○○駅集合です。集合時間に遅れると、バスに乗り遅れてしまう可能性があるため注意してください。連絡は以上です。

決まりごとを守れば、文章はわかりやすくなります

03 自分自身に「質問」をする

「自分自身への質問」を行うことで、読む人が知りたい「書くべき情報」が棚卸しされていきます。

書くという行為は、**自分自身に質問**をして、それに答えることにほかなりません。例えば、「私の趣味は読書です」という文章の裏には、「あなたの趣味は何ですか?」という自分自身への問いかけがあります。その質問に答えることによって、書くべき情報が生まれるのです。ちなみに、自分自身への質問というのは、同時に、読む人からの質問でもあります。つまり、読む人が「知りたがっていること」をあらかじめ想像して、読者の代役として自分自身に質問をしているということになります。

自問自答を繰り返して書く

「接客業における大切なこと」を、コンビニでのアルバイトで学んだことというテーマで、ブログの記事を書く場合

「かつて私は、コンビニでアルバイトをしていました。コンビニの仕事で学んだことが、今の自分の仕事にも大いに役立っています」という書き出しの文章の続きを書く

特に「論文」や「評論」など、書き手自身の意見を書く文章では、自問自答が果たす役割はより大きくなります

自問自答を繰り返す

【問い】コンビニのアルバイトを通じて学んだ一番大切なことは?
【答え】お客様の前ではどんな時も笑顔を忘れないこと

【問い】笑顔を忘れてしまいそうな場面とは?
【答え】お客様が押し寄せる朝の一番忙しい時間帯

【問い】なぜ笑顔を忘れないことが大切なのか?
【答え】お客様に気持ち良く買い物をしてもらうため

かつて私は、コンビニでアルバイトをしていました。コンビニの仕事で学んだことが、今の自分の仕事にも大いに役立っています。例えば、私はそこでお客様の前ではどんな時も笑顔を忘れないことの大切さを学びました。朝の一番忙しい時間帯には笑顔を忘れそうになる時もありましたが、お客様に気持ち良く買い物をしてもらうため、努めて笑顔を絶やしませんでした。

文章を書くための素材出しの方法の一つに、**一人ブレスト**があります。例えば、スポーツがテーマの企画書を書くことになった時、素材をどんどん書き出していきます。その後、それらの素材を俯瞰して眺めると、「団体競技」「個人競技」といったグループ分けができることに気づきます。また、「団体競技」なのか、「個人競技」なのかで分類することによって、「ハンドボール」「アイススケート」などといった新たな素材を書き出すことができます。

一人でブレストする

スポーツをテーマとした企画書を書く時、次のような素材をランダムに集めました

バスケットボール／バレーボール／ビーチバレー／卓球／サッカー／剣道／野球／柔道／陸上

俯瞰して見ると「屋外競技」と「屋内競技」や、「チーム競技」と「個人競技」などに分けられることに気づきます

「屋外」
ビーチバレー、サッカー、野球、陸上

「屋内」
バスケットボール、バレーボール、卓球、剣道、柔道

屋外か屋内かで考えることで新たな素材が浮かんできます

「屋外」ならゴルフ
「屋内」ならアイスホッケー

一人ブレストでどんどん新しい素材が浮かんできます

04 自分の体験を書く

自分が体験したことは書き手自身のオンリーワンの情報であり、人の興味を引く強力な吸引力を備えています。

読み手を引きつける文章には「自分の言葉」、つまり、書き手のオリジナリティがあります。なかでも特に読者を引きつけるのが、**書き手自身の体験**です。何かの事柄について書く時、自分の過去の体験を織り交ぜて書くだけで、リアリティが増し、読み手の興味を引く文章になります。また、体験を書く時は、感情（喜怒哀楽）や感覚（五感など）を具体的に表現することも大事です。体験して感じたことの描写が具体的なほど、自分の言葉 の強度は増します。

自分の体験を交えて書く

事実だけ書いても読む人の賛同や共感は得られません。自分の体験を織り交ぜて書くと、興味を引く文章になります

NG

このブレスレットにはダイエットの効果がある。

BETTER

このブレスレットにはダイエットの効果がある。私も試したことがあるが、毎日つけていたら1か月で5キロも痩せた。

GOOD

このブレスレットにはダイエットの効果がある。
私も試したことがあるが、つけると磁気の力で体が軽くなったような感覚があった。そのまま1か月間つけ続けていたら、なんと5キロも痩せており、嬉しさで思わず友人に報告してしまった。

書き手の感情（喜び・怒り・悲しみ・楽しさ）や感覚（視覚・聴覚・味覚・嗅覚・触覚）を交えて書くと、さらに伝わる文章になります

自分の体験を書く時には、失敗した体験も織り交ぜると、読み手の共感が得られやすくなります。なぜかというと、ストーリーはマイナスなものがプラスに転じるほうが興味を引くからです。読み手は、書き手がどんなプロセスを経て変わったのかを知りたいと思い、文章に引き込まれるのです。それに、失敗を書かずに成功体験だけ書くと、「なんだ、自慢話か…」と、読み手は興味を失ってしまいます。失敗を経て、その後に成功したというプロセスが、読者の好奇心をくすぐるのです。

失敗から成功へのプロセスを書く

GOOD

良い例には、かつては太っていたという失敗と、筋トレをして理想のボディに近付いたというプラスのエピソードの両方が含まれています

筋トレを習慣化すると、理想のボディに近付くことができます。私も筋トレの効果を実感している一人です。筋トレをする前は、お腹が空いたら好きなだけ食べるような生活をしていて、半年で10キロも太ってしまいました。その後、筋トレをスタート。週5回、一日1間の筋トレを1か月続けた結果、体重が8キロ、体脂肪率が10％減りました。

失敗から成功へと至ったプロセスをエピソード化することで、読み手がより興味・関心を持ちやすくなりました

NG

筋トレを習慣化すると、理想のボディに近付くことができます。

自分の体験を入れるメリットは他にもあります

▶ 自分にしか語れない（圧倒的なオリジナリティ）

▶ 「結末はどうなるのだろう?」と読み手の好奇心をくすぐる

▶ 抽象的なものごとを、具体的に説明することができる

▶ 否定しようのない事実なので、説得力がある

▶ 人はマイナスに共感・感情移入しやすい

05 文章はどこから書いても大丈夫

なかなか文章を書き始めることができなかった場合は、「書きやすい」ところから書き始めましょう。

文章は、必ずしも頭から書く必要はありません。思いついた順番で書き、あとからつなげたほうが速く書けるという場合も多いものです。書く内容さえ決まっていれば、文章はどこから書いても成り立ちます。例えば、書くべき材料が6つあった場合、最終的にその6つの材料を使い切り、うまくつなげることさえできれば、どこから書こうが何の問題もありません。

設計図さえあれば大丈夫

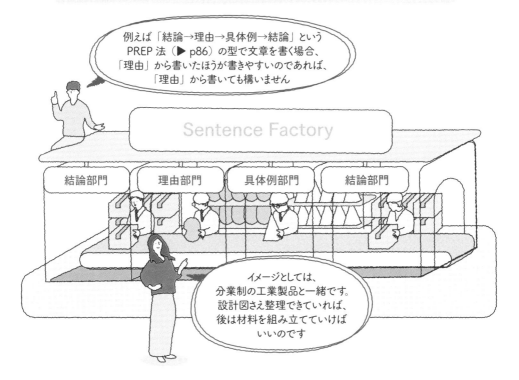

Chapter 7 で解説したとおり、文章が書けないと感じた時には、まずは書いてみる（▶ p140）のが一番です。「上手な文章を書こう」「完璧な文章を書こう」などと考えて時間を浪費するよりは、書きやすいところから書いたほうがよほど効率的です。そのうえで、Chapter 4 で紹介した「型」や、以下のような「**読者にとって読みやすい流れ**」を意識して、文章をつなげましょう。

読者にとって読みやすい流れ

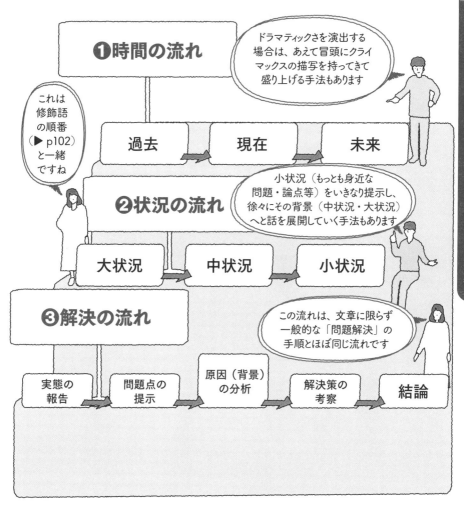

❶時間の流れ

ドラマティックさを演出する場合は、あえて冒頭にクライマックスの描写を持ってきて盛り上げる手法もあります

これは修飾語の順番（▶ p102）と一緒ですね

過去 → 現在 → 未来

❷状況の流れ

小状況（もっとも身近な問題・論点等）をいきなり提示し、徐々にその背景（中状況・大状況）へと話を展開していく手法もあります

大状況 → 中状況 → 小状況

❸解決の流れ

この流れは、文章に限らず一般的な「問題解決」の手順とほぼ同じ流れです

実態の報告 → 問題点の提示 → 原因（背景）の分析 → 解決策の考察 → 結論

06 文章を組み立てる

テーマに沿った材料の「分類」と「流れ」を大まかに可視化しておくと、文章を組み立てやすくなります。

前のページで解説したとおり、文章には設計図が必要です（▶ p168）。そのために有効な手段の一つが、材料（ネタ）の仕分けです。例えば、テーマに合った手持ちの材料をすべて書き出し、関係のある（ありそうな）材料同士に分類します。次に、その分類同士の関係性を考慮して、どこから「書き出し」、どういう「流れ」で、どのように「まとめるか」を考えるのです。

材料を分類し、流れを考える（イメージ）

❶頭の中にある材料をすべて書き出す

あかなめ
アマビエ
化け猫
ろくろっ首
小豆洗い
海坊主
雪女
ぬらりひょん
山姥
天狗
鬼
河童

❷関連付けできそうな材料同士で分類してみる

水にまつわる妖怪	山に現れる妖怪	人里に現れる妖怪
〈川の妖怪〉 河童 小豆洗い 〈海の妖怪〉 海坊主 アマビエ	雪女 山姥 天狗 鬼	あかなめ 化け猫 ろくろっ首 ぬらりひょん

❸文章の流れを考える（組み立てる）

山の妖怪　　　　　川の妖怪　　　　　海の妖怪　　　　　人里の妖怪

一旦、情報を網羅的に書き出してみることで、みずからの視点で集めた情報を客観化できるという利点もあります

自分が書いた文章が、薄っぺらな感じがする……という場合には、「多角的な視点を導入する」という方法も有効です。例えば、文章で持論を展開したあとで、対立意見についても考察してみる。自分にとって身近な問題について論じたあとに、社会的にはどう論じられているのかを参照する——。こうして、「自分だけの視点」とは別の視点を調べたり、考えたりすることで、より深みのある文章を書くことができるようになります。

さまざまな視点から考える

相手
- ▶相手の立場で考える
- ▶対立意見にも目を向ける

将来（先行きの予想）
- ▶これからどうすべきか
- ▶これからどうなると予測できるか

自分（個人）

先例（過去）
- ▶過去の事例や歴史的事実
- ▶過去の評価
- ▶現在へ至る経緯

社会（全体）
- ▶社会的（一般的）にはどう論じられているのか
- ▶他の分野との関わりや類似点
- ▶海外ではどうなのか？

Chapter

TSUTAWARU
BUNSHOJUTSU
mirudake note

電子メール、チャットツール、SNS、Webメディア──

「シーン別」オンライン時代の文章術

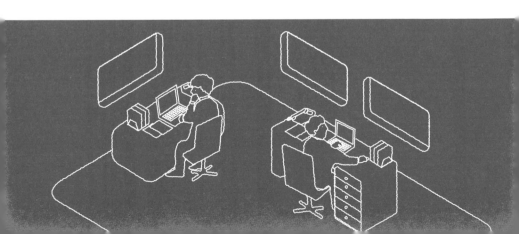

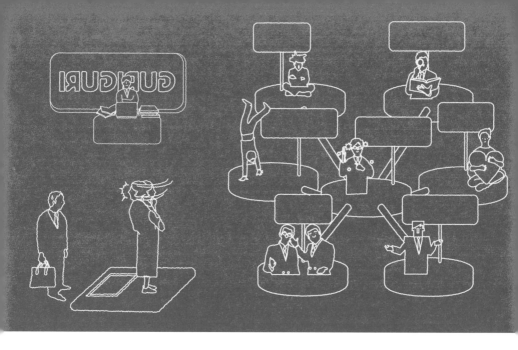

メディアごとの特徴を
把握するには、積極的に
使ってみるしかありません

オンラインでは、ビジネスシーンとプライベートで文章術を使
い分ける必要があります。 でも大丈夫。 メディアごとの特
性を把握することができれば、自然と文章を使い分けられる
ようになります。 臆せず実践でスキルを磨いていきましょう。

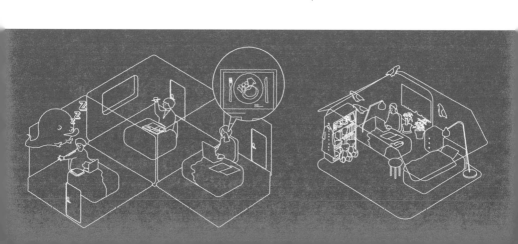

01 電子メールの文章術①
件名、依頼文

メールがファーストコンタクトという場合、件名と依頼文があなたの第一印象を決めます。

メールの件名は、なるべく**具体的に書く**必要があります。件名が曖昧だと、すぐに用件がわからず読む人にストレスを与えます。件名ですぐに内容が判断できないと、読むのを後回しにされてしまうことも。とはいえ、件名に用件を詳細に描き込んで長くなると、表示が途中で切れてしまい、内容を瞬時に認識することができません。つまり、件名は「具体的に」「短く」がベストです。

件名は「具体的に」「短く」

NG
【件名】ご連絡

➡

GOOD
【件名】5月20日／臨時総会の日程確定のご連絡

何の資料?
どうせ細かい訂正だろうから差し替えなくていいか

何の連絡だ?
よくわからないから、あとで見ればいいか

件名に用件が簡潔に書かれていれば、受信者に余計な負担がかかりません

NG
【件名】先日、事前送付いたしました資料に誤りがありましたので、訂正したものを再送いたします。

GOOD
【件名】5月20日／営業会議用資料の訂正について

近年は、メールでの依頼や問い合わせ、営業などが当たり前になりつつあります。それだけに、読み手にとってあなたの「**第一印象**」となるメール文面は極めて重要です。ファーストコンタクトをメールで行う場合は、①突然にメールをした非礼を詫びる、②自分（送信者）が何者かを明確に伝える、③相手が喜ぶメリットを具体的に伝える。以上の３つを盛り込みましょう。

メール依頼文の３つのポイント

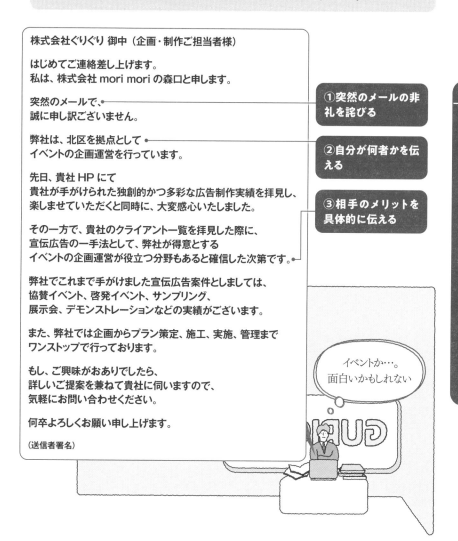

株式会社ぐりぐり 御中（企画・制作ご担当者様）

はじめてご連絡差し上げます。
私は、株式会社 mori mori の森口と申します。

突然のメールで、
誠に申し訳ございません。

①突然のメールの非礼を詫びる

弊社は、北区を拠点として
イベントの企画運営を行っています。

②自分が何者かを伝える

先日、貴社 HP にて
貴社が手がけられた独創的かつ多彩な広告制作実績を拝見し、
楽しませていただくと同時に、大変感心いたしました。

③相手のメリットを具体的に伝える

その一方で、貴社のクライアント一覧を拝見した際に、
宣伝広告の一手法として、弊社が得意とする
イベントの企画運営が役立つ分野もあると確信した次第です。

弊社でこれまで手がけました宣伝広告案件としましては、
協賛イベント、啓発イベント、サンプリング、
展示会、デモンストレーションなどの実績がございます。

また、弊社では企画からプラン策定、施工、実施、管理まで
ワンストップで行っております。

もし、ご興味がおありでしたら、
詳しいご提案を兼ねて貴社に伺いますので、
気軽にお問い合わせください。

何卒よろしくお願い申し上げます。

（送信者署名）

イベントか…。
面白いかもしれない

02 電子メールの文章術②
返信文

メール返信の際は、相手への誠実さや気遣いが重要。時には
フレキシブルな対応も心がけましょう。

返信の文面はもちろん大切ですが、それ以上に大切なのが**早い返信（即レス）**です。この点は、常に意識しておきましょう。そのうえで、返信メールで相手に**誠実さ**や**気遣い**を伝えることができれば申し分ありません。

返信で「誠実さ」と「気遣い」を伝える

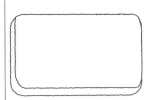

株式会社 mori mori
森口様

はじめまして。
株式会社ぐりぐりの企画・営業担当の栗田と申します。
この度は、ご連絡をいただきありがとうございます。

ご提案いただいた内容に興味がございます。
一度詳しく、お話をうかがいたく存じます。

ご多忙のところ誠に恐れ入りますが、
弊社までお越しいただくことは可能でしょうか。

ちなみに、来週であれば
18日（火）、20日（木）、21日（金）の午後が空いています。
ご都合はいかがでしょうか。

お会いできるのを楽しみにしております。
何卒よろしくお願い申し上げます。

（送信者署名）

当日中の返信のうえに、
打ち合わせの日時まで!

返信が重要なのは取引先だけではありません。以下の例文（GOOD）のように、**相手の期待を上回る返信**ができれば、あなたに対する上司の信頼感も増すはずです。ちなみに、相手と良好な人間関係を築きたいなら、ある程度は相手のコミュニケーションスタイルに合わせる意識も必要です。「今回もよろしくお願いします！」というメールに対し、「こちらこそよろしくお願い申し上げます」と、かしこまった返信をしてしまうと、相手は「噛み合わない……」と感じます。会話と同じように、メールでも、相手とノリや使う言葉を合わせていきましょう。

「返信」は上司の信頼を得るチャンス

上司からのメール

ポチッとな

カチ

定年退職する前田さんの
送別会の幹事、
お願いできますか。

メールの返信で
「相手の期待を上回る」と、
「デキる人」と思われて
信頼関係が格段に高まります

GOOD返信

幹事の件、喜んでお受けいたします。
最近、会社の近くに「○○○」という
有名店の支店ができたので問い合わせました。
飲み放題つきで1名5,500円でしたので、
第2課全員15名だと8万円ぐらいになりそうです。
問題がなければ参加可能な人数を確認したうえで、
前田さんの最終出社日（9月20日）の18時に予約いたします。
ご検討のほどお願いいたします。

NG返信

幹事の件、
承りました。

ゲッ！
だるぃ…

よっしゃ！
信頼ゲット

電子メールの文章術③
催促メール、断りメール

「催促」や「断り」のメールを送る際は、最大限に相手への気遣いの気持ちを表しましょう。

催促のメールを送る際は、慎重さが求められます。本当に返信が来ていないのか、迷惑メールに分類されていないかなどをしっかり確認しましょう。もし届いていなかった場合も、高圧的な言い方で催促するのは禁物です。感情的な文面で相手の気持ちを損ねてしまっては、今後の仕事に支障がでるかもしれません。相手を不快な気持ちにさせないよう配慮しましょう。

「催促メール」は配慮が大切

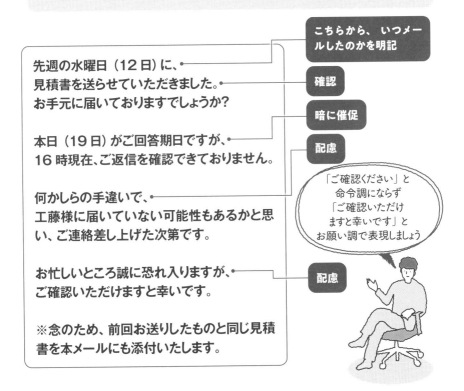

先週の水曜日（12日）に、
見積書を送らせていただきました。
お手元に届いておりますでしょうか?

本日（19日）がご回答期日ですが、
16時現在、ご返信を確認できておりません。

何かしらの手違いで、
工藤様に届いていない可能性もあるかと思い、ご連絡差し上げた次第です。

お忙しいところ誠に恐れ入りますが、
ご確認いただけますと幸いです。

※念のため、前回お送りしたものと同じ見積書を本メールにも添付いたします。

こちらから、いつメールしたのかを明記

確認

暗に催促

配慮

「ご確認ください」と命令調にならず「ご確認いただけますと幸いです」とお願い調で表現しましょう

配慮

断りのメールを書く際は、**曖昧な表現は NG** です。「難しそうです」といった中途半端な意思表示では相手に誤解を与えてしまうので、断る意思を明確に表す必要があります。とはいえ、冷たい印象の文面で相手を不快な気持ちにさせてもいけません。断りのメールを送る時には、断る理由を明確にすると同時に、お礼や気遣いの言葉も添えましょう。

「断りメール」には心配りを

懇親会のご案内をいただき、
誠にありがとうございます。

> お礼

あいにく当日は大阪へ出張が入っており、
ご招待いただきました懇親会への
出席がかないません。

> 断り（断る理由は「先約があるため」とぼかしてもOK）

栗田様と久々にお会いできる機会だけに、
とても残念です。

> 気遣い

もしよろしければ、また次回開催の際に、
ご案内をいただけますと幸いです。

> 気遣い

ていねいな人だ。
またお誘いしよう

断りのメールは
相手に冷たい印象を
与えやすいので、
"少し大げさ"なくらいの
心配りを意識しましょう

事情により出欠がすぐに
決められない場合は、
ひとまず「現時点では決められない」
旨と「改めて○日までに出欠の連絡
をする」旨を伝えましょう

04 チャットツールの文章術①
チャットツールの利点

チャットツールはグループで仕事を進めるうえで大変便利ですが、デメリットもあります。

近年は、メールに代わってチャットツールをビジネスシーンで利用する人々が増えています。チャットツールには、気軽にコミュニケーションができたり、情報共有が容易だったりとさまざまな利点があります。中でも一番の利点は、短い文章で伝えられることです。チャットツールの場合、手紙やメールほど形式やマナー、敬意を重視しません。むしろ、簡潔に**「用件」のみ伝える**ことが求められます。

チャットツールのメリット・デメリット

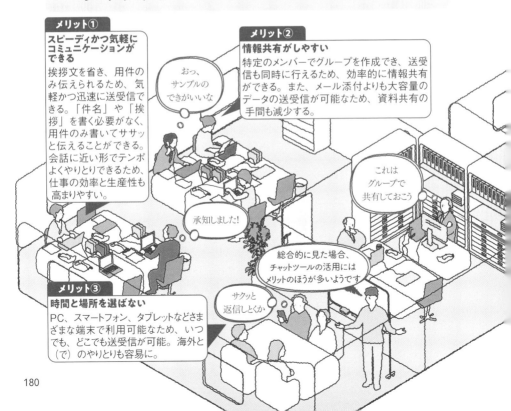

メリット①
スピーディかつ気軽にコミュニケーションができる
挨拶文を省き、用件のみ伝えられるため、気軽かつ迅速に送受信できる。「件名」や「挨拶」を書く必要がなく、用件のみ書いてササッと伝えることができる。会話に近い形でテンポよくやりとりできるため、仕事の効率と生産性も高まりやすい。

メリット②
情報共有がしやすい
特定のメンバーでグループを作成でき、送受信も同時に行えるため、効率的に情報共有ができる。また、メール添付よりも大容量のデータの送受信が可能なため、資料共有の手間も減少する。

メリット③
時間と場所を選ばない
PC、スマートフォン、タブレットなどさまざまな端末で利用可能なため、いつでも、どこでも送受信が可能。海外と（で）のやりとりも容易に。

おっ、サンプルのできがいいな

承知しました!

これはグループで共有しておこう

総合的に見た場合、チャットツールの活用にはメリットのほうが多いようです

サクッと返信しとくか

チャットツールにはデメリットもあります。特に人数の多いグループチャットの場合、多くの情報が行き交うため、肝心な情報を見逃すリスクが高めです。複数のチャットツールを使用している場合、そのリスクはさらに高まります。また、エビデンスを残したり、ツールを共有していない社外の人とやりとりをしたりする場合には、メールのほうが適しています。

デメリット②
対面でのコミュニケーションの減少
文字情報だけに頼ったコミュニケーションだと、細かなニュアンスが伝わらず誤解が生じる場合も。

デメリット①
無駄なコミュニケーションが増える
チャットツールは気軽にコミュニケーションが取れるだけに、通信頻度がメールと比べて多くなりがち。こまめなチェックが必要になり、仕事の中断が多くなったり、集中力の低下を招いたりするおそれも。

デメリット③
情報を見逃しやすい
グループの参加人数が多いほど、メッセージのやりとりが多くなる。すると自分に関係ない情報も増えるため、重要な情報を見逃すリスクが高まる。

そういうつもりじゃなかったんだけど

メッセージが多くて面倒だな…

こんな簡単なことわざわざ聞いてこないで

こんなに機能があっても使いこなせないよ

デメリット④
費用や教育が必要になる場合も
有料のビジネスチャットは多機能だが、ITスキルによっては使いこなせない社員もいるため、費用だけでなく、教育に時間と手間がかかる場合も。

メリット④
セキュリティの向上
ビジネスチャットには高度なセキュリティが施されているものも多く、情報漏洩のリスク軽減が期待できる。また、目的別のグループ分けが簡単にできるほか、送信ごとに宛先入力する必要もないため、誤送信を防ぎやすい。

チャットツールとメールは内容や相手に応じて適宜使い分けましょう

05 チャットツールの文章術②
チャットツールの文例

チャットは新しいツールだけに、ルールが不明瞭な部分も。大まかには、以下に従えば大丈夫でしょう。

チャットツールは短文でやりとりができるため便利な半面、「どこまで省略していいか」「どこまでくだけた表現でいいか」の判断が難しいところです。会社によって慣例はそれぞれだと思いますが、基本、上司を含め社内の人とのチャットの場合は、「○○課長」といった宛名や、「お疲れ様です」などの挨拶は省いて構いません。しかし、プライベートチャット同様のくだけた文体はNG。基本は敬語を使い、返信に加えるべきお礼や謝罪が必要な場合は、しっかり添えましょう。

チャットでのメッセージは簡潔に

NG

木下課長
お疲れ様です。
本日のA社との打ち合わせの件で、
相談がございます。
先方担当者の松平様曰く、
納期の面で懸念があるとのことでした。
現状、8月10日納品で
先方にはご検討いただいていたのですが、
8月20日納品に変更してもよろしいで
しょうか。
ご回答をいただけますと幸いです。
よろしくお願いいたします。

GOOD

本日、A社の松平様と打ち合わせ
したところ、
納期が厳しいとのことでした。
8月10日で依頼していましたが、
8月20日に変更してもよろしいで
しょうか。
ご検討をお願いいたします。

チャットの最大の
利点は即時性です。
送信も返信も「素早く」
「簡潔に」を心がけましょう

チャットで
報告するなら
短くしてよ

上司とフランクな関係にあり、なおかつ上司が了承している場合であれば、時と場合に応じて「！」や絵文字、スタンプなどを使用しても良いでしょう。しかし、あまり多用すると慣れ慣れしい印象になるので気をつけましょう。また、仮に親しい上司だったとしても、依頼や催促をする際は、具体的に内容を書き、メール同様に丁寧な文面のメッセージを送りましょう。

チャットでの返信・報告は短く

■ 上司からメッセージがあった場合

○○の件、承知いたしました。

○○の件、ご連絡ありがとうございます。

○○の件、確認しまして改めてご連絡いたします。

内容に応じて、確認やお礼の文面を付け足しても良いでしょう

報告は結論から伝えるとやりとりがスムーズになります

■ 上司に報告する場合

○○の件、ご報告いたします。

結論から申し上げますと〜

取り急ぎのご連絡まで。

■ 付け足すと株が上がる気遣いの一言

長文失礼いたします。

なお、返信はご無用です。

ご配慮（お気遣い）ありがとうございます。

どうしても長文になる場合は最初に一言添えましょう

やりとりが多いと返信作業だけでも時間が奪われます

この一言で信頼関係が深まります

06

SNS、Web メディアの文章術①
記事タイトルのつけ方

Web メディアでもっとも重視されるのが、読者の興味を引くための「記事タイトル」です。

Chapter 7 で「見出し」の大切さを解説（▶ P148）しましたが、Web メディアでは、より見出し（記事タイトル）が重要になります。Web メディアで活躍する編集者やライターの多くも、記事が読まれるかどうかは**タイトルで決まる**と断言します。Web 記事のタイトルの付け方には、いくつかのコツがあります。

タイトル付けのコツ

①具体的な数字を入れる

「〜な人は○%」といった形で具体的なデータを示すと、記事の説得力が増します。また、「〜の 6 つのルール」といった数字の使い方も有効です。読者は自分と他の人（世間）との比較やギャップに興味を持つため、年齢や金額などの数字も有効です。

②長さは 30 文字程度に

長いタイトルを付けると、検索した時に後半が表示されず、内容が一目で確認できなくなってしまいます。そのため、タイトルは 30 文字程度に抑えましょう。読者が検索するであろうキーワードを前半に置くことで、より読者の目を引きつけられます。また、検索エンジンへのアピール効果も高まります。

③パワーワードを入れる

「パワーワード」とは、インパクトがあり人の印象に強く残る言葉のこと。ジャンルによってパワーワードは異なりますが、「最新」「簡単」「比較」「人気」「今だけ」といった読者の興味を引くパワーワードをタイトルに入れることで、PV 数が伸びやすくなります。

④ぱっと見でわかる言葉を使う

難解な専門用語をタイトルに使用すると、専門外の読者には「難しい記事」という印象を与えてしまうため、一目で理解できる易しい言葉を選びましょう。同じ理由で、英語はアルファベットより、カタカナを使ったほうが読者の目を引きやすいです。

07

SNS、Web メディアの文章術②
SNS は話し言葉で

SNS をうまく使いこなしている人は、多くの場合「書き言葉」と「話し言葉」を使い分けています。

ビジネスメールは「**書き言葉**」で書き、LINE の場合は「**話し言葉**」で書く、という人は多いはずです。SNS の場合も、例えば「非常に／大変」といった書き言葉による硬い文章より、「とっても／すごく」といった話し言葉によるくだけた表現のほうが好まれる傾向にあります。

9

「シーン別」オンライン時代の文章術

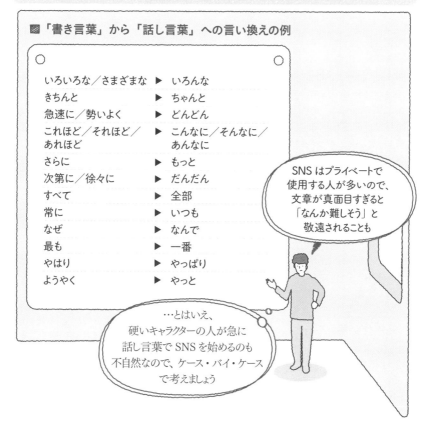

SNS はくだけた表現のほうが自然

📝「書き言葉」から「話し言葉」への言い換えの例

いろいろな／さまざまな	▶ いろんな
きちんと	▶ ちゃんと
急速に／勢いよく	▶ どんどん
これほど／それほど／あれほど	▶ こんなに／そんなに／あんなに
さらに	▶ もっと
次第に／徐々に	▶ だんだん
すべて	▶ 全部
常に	▶ いつも
なぜ	▶ なんで
最も	▶ 一番
やはり	▶ やっぱり
ようやく	▶ やっと

SNS はプライベートで使用する人が多いので、文章が真面目すぎると「なんか難しそう」と敬遠されることも

…とはいえ、硬いキャラクターの人が急に話し言葉で SNS を始めるのも不自然なので、ケース・バイ・ケースで考えましょう

SNS、Web メディアの文章術③
読者の役に立つ情報を書く

一方的に自分のことばかり書いていては、SNS で読者やファンを増やすことはできません。

SNS で文章を書く時は、読者に**貢献**する意識を持ちましょう。「貢献する意識を持つ」とは、つまり読者の役に立つことを書くということです。SNS は自分メディアなので、個人的なことを書くこと自体はまったく問題ありません。しかし、貢献の意識なくただ自分勝手に書いた文章は、読者の興味を引きません。少しでも OK なので、投稿文の中に「貢献」を含ませましょう。

「貢献」の意識で書く

NG

今日は、いつもより少し早い 8 時から仕事を開始。1 時間ほどたまったメールの返信をして、その後は新規案件のリサーチ。調べることが多すぎてちょっとしんどかったけど、雨の中の外回りよりはまだマシか…。お昼に食べた盛りそば、おいしかったなぁ。

GOOD

最近は午前中から暑いので、いつもより早く 7 時に家を出て、8 時前には会社に到着。7 時台はまだ涼しいので、暑いのが苦手な人には " 早朝出勤 " がオススメです。熱中症対策にもなります。
出社後は 1 時間ほどたまったメールの返信をして、その後は新規案件のリサーチ。調べることが多すぎてちょっとしんどかったけど、雨の中の外回りよりはまだマシか…。
そういえば、会社の近くに最近できた立ち食いそば屋が、「立ち食い」と思えないほどおいしいので紹介します。「○○」というお店です。チェーン系の立ち食いそば屋より100 ～ 200 円ほど高いけど、そばはもとより、そば湯の濃さまで最高で、毎日通いたいくらいです。興味ある方はぜひ!

役に立つ情報ではなかったとしても、読者を楽しませたり、励ましたりするのも立派な「貢献」です

09

SNS、Webメディアの文章術④
書き出しで興味を引く

読者に最後まで読んでもらうには、「書き出しで心をつかむ」ことが大切です。

どんなによくできた記事でも、**書き出し**で興味を持ってもらえなければ、読者はその続きを読んでくれません。一般的に、インターネットユーザーは、閲覧ページを見るか見ないかを1〜3秒で判断すると言われています。そのため、3秒以内に読み手の興味を引く「書き出し」が必要なのです。以下に、「書き出し」で興味を引くテクニックをいくつか紹介します。

「書き出し」で興味を引くテクニック

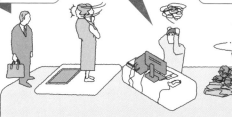

リアルな会話から入る
「今日、会社辞めてきた」。そう言うと、妻は驚いた表情で振り向いた。

いきなり結論から入る
YouTuberで稼げる時代は、もう終わった。

読む人の気持ちを代弁する
掃除の後は「ずっとキレイにしておこう」と思うのに、また、いつの間にか散らかっている…。

共感を誘う質問から入る?
学生時代、テストの前日に、急に部屋の掃除をしたくなりませんでしたか?

ブームネタや時事ネタから入る
実は、新型ウイルス流行の陰で業績を伸ばした会社は多い。

衝撃的エピソードから入る
これまで黙っていましたが、私は45歳のニートです。

SNS、Web メディアの文章術⑤

10 ネガワードを
ポジワードに置き換える

ポジティブな投稿は読者に喜ばれるだけでなく、あなた自身を
変えてくれるかも。

わざわざネガティブな気持ちになりたくて SNS をチェックしている人は少ない
でしょう。そのため、ネガティブな発言や一方的な悪口は、SNS ではあまり歓
迎されません。そこでオススメしたいのが「見方を変える」という方法。物事
の見方を少し変えるだけで、ネガティブな言葉はポジティブな言葉に換えられ
ます。ネガティブなことを書きそうになったら、一旦見方を変えてみてはいか
がでしょうか?

ネガワードをポジワードに置き換える

あきらめが悪い	▶ 粘り強い
ありきたりの	▶ 定番の／手堅い
遠慮がない／横柄な	▶ 物怖じしない
おしゃべり	▶ 社交的／明るい
我が強い／頑固	▶ 妥協しない／こだわりがある
がさつ	▶ 大らか
気弱	▶ 繊細／慎重
経験不足	▶ 伸びしろがある
世間知らず	▶ ピュア／育ちが良い
せっかち	▶ テキパキしている
退屈	▶ 平穏無事
冷たい	▶ クール
鈍感	▶ 打たれ強い
派手	▶ 華やか
保守的	▶ 堅実
安物	▶ リーズナブル／コスパが良い
理屈っぽい	▶ 論理的

ポジティブな
ワードで「心が広い」
「寛大」などと
あなたの評価も
上がるはず

SNSは、投稿すると自分に関わりのある人の目に触れてしまいます。いつもネガティブなことばかり投稿していると、周囲に心配をかけるだけでなく、気を使わせたり、関係が悪化したりする場合もあります。まずは<u>読者サービスのつもりで「**ポジティブな投稿**」を心がけてみましょう</u>。そうすることで、自分の気持ちも上向きに変化していくはずです。

読者サービスで自分もポジティブに

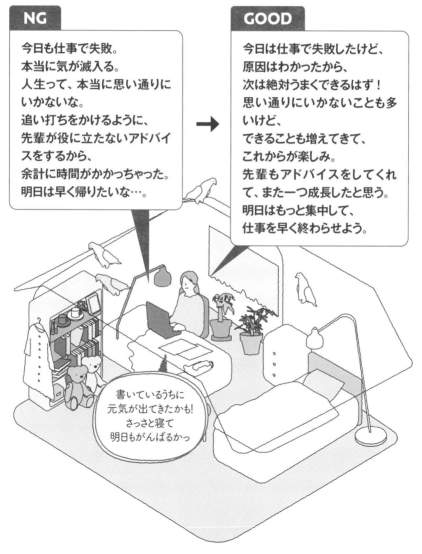

NG

今日も仕事で失敗。
本当に気が滅入る。
人生って、本当に思い通りにいかないな。
追い打ちをかけるように、先輩が役に立たないアドバイスをするから、
余計に時間がかかっちゃった。
明日は早く帰りたいな…。

→

GOOD

今日は仕事で失敗したけど、
原因はわかったから、
次は絶対うまくできるはず!
思い通りにいかないことも多いけど、
できることも増えてきて、
これからが楽しみ。
先輩もアドバイスをしてくれて、また一つ成長したと思う。
明日はもっと集中して、
仕事を早く終わらせよう。

書いているうちに
元気が出てきたかも!
さっさと寝て
明日もがんばるかっ

主要参考文献

伝わる文章が「速く」「思い通り」に書ける　87の法則
山口拓朗　著（明日香出版社）

文章が劇的にウマくなる「接続詞」
山口拓朗　著（明日香出版社）

伝わるメールが「正しく」「速く」書ける 92 の法則
山口拓朗　著（明日香出版社）

何を書けばいいかわからない人のための「うまく」「はやく」書ける文章術
山口拓朗　著（日本実業出版社）

世界一ラクにスラスラ書ける文章講座
山口拓朗　著（かんき出版）

伝わる！ 文章力が身につく本
小笠原信之　著（高橋書店）

文章力の基本
阿部紘久　著（日本実業出版社）

「文章術のベストセラー100冊」のポイントを1冊にまとめてみた。
藤吉豊、小川真理子　著（日経BP）

言葉ダイエット　メール、企画書、就職活動が変わる最強の文章術
橋口幸生　著（宣伝会議）

人もお金も動かす　超スゴイ！文章術
金川顕教　著（すばる舎）

10 倍速く書ける　超スピード文章術
上阪徹　著（ダイヤモンド社）

「編集の文法チェックシート」でマスター　才能に頼らない文章術
上野郁江　著（ディスカヴァー・トゥエンティワン）

この一冊で面白いほど人が集まる SNS 文章術
前田めぐる　著（青春出版社）

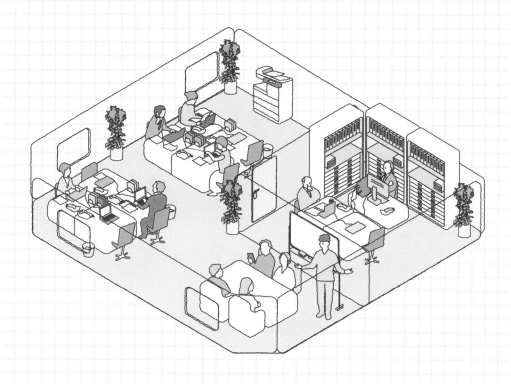

◎ STAFF

編集・執筆	小芝俊亮（株式会社小道舎）
編集・執筆協力	平谷悦郎、広岡歩、吉田涼
本文イラスト	本村 誠
カバーイラスト	ぷーたく
カバーデザイン	別府 拓（Q.design）
本文デザイン	別府 拓、深澤祐樹（Q.design）
DTP	G.B. Design House

監修 山口拓朗
（やまぐち たくろう）

伝える力【話す・書く】研究所所長／山口拓朗
ライティングサロン主宰。出版社で編集者・記者
を務めたのちに独立。25 年間で 3500 件以上の
取材・執筆歴がある。北京ほか中国の 6 大都市
で「Super Writer 養成講座」も定期開催中。著
書は『伝わる文章が「速く」「思い通り」に書け
る 87 の法則』（明日香出版社）、『チャット＆メー
ルの「ムダミス」がなくなるストレスフリー文章術』
（KADOKAWA）、『9 割捨てて 10 倍伝わる「要
約力」』（日本実業出版社）ほか 20 冊以上。中国、
台湾、韓国など海外でも 15 冊以上翻訳されている。

読者限定！　音声セミナーを
無料でプレゼント！

**伝わる文章の書き方
特別音声セミナー**

監修者の山口拓朗より
読者の皆さまへ、特別
音声セミナーをプレゼ
ント。本書の内容とあ
わせてご活用ください。

二次元コードおよび下記のアドレスからアクセスしてください。

https://maroon-ex.jp/fx74022/CNWTJy

※申し込みされた方には、山口拓朗のメールマガジンで
継続して情報をお届けします。

「うまい文章」の共通ルールが
ゼロから身につく
伝わる文章術見るだけノート

2021 年 7 月 9 日　第 1 刷発行
2022 年 11 月 22 日　第 2 刷発行

監修　　　山口拓朗

発行人　　蓮見清一
発行所　　株式会社 宝島社
　　　　　〒102-8388
　　　　　東京都千代田区一番町25番地
　　　　　電話　営業：03-3234-4621
　　　　　　　　編集：03-3239-0928
　　　　　https://tkj.jp

印刷・製本　　サンケイ総合印刷株式会社